AF451327

RESILIENCIA

HAIFA GHAWI

ERES MÁS FUERTE DE LO QUE CREES,

RESILIENCIA

NUNCA TE RINDAS

Título: *Resiliencia. Eres más fuerte de lo que crees, nunca te rindas*
© 2019, Haifa Ghawi

Autoedición y Diseño: 2019, Haifa El Ghawi Barud
Primera edición: Junio de 2019
ISBN-13: 978-84-17781-62-0

BIOGRAFÍA

Haifa Ghawi nació en Beirut, Líbano, donde vivió hasta los diez años de edad. Se mudó a México donde realizó gran parte de sus estudios, años después regresó a su país natal.

Trabajó en la Embajada de México en Beirut Líbano durante casi 5 años, después al mudarse nuevamente a México, trabajó en el sector educativo, en una escuela de Español para Extranjeros por ocho años.

Tras la muerte de su padre, nuevamente se mudó, en esta ocasión, al Estado de Coahuila, en México. Actualmente trabaja en el sector salud en una empresa a nivel nacional.

Después de realizar un viaje a España, en junio del 2018, descubrió su pasión por la escritura, con la intención de poder transmitir un mensaje positivo y de esperanza hacia los demás, a través de las experiencias vividas y los desafíos superados.

"Quien quiere hacer algo encuentra un medio,
quien no quiere hacer nada encuentra una excusa."

PROVERBIO ÁRABE

Para ti, amigo lector

*Nunca te detengas, pase lo que pase vuelve a empezar
una y otra vez, siempre hay una manera para lograr
salir adelante, no te desanimes, cada día es una nueva
oportunidad de hacer mejor las cosas, es un nuevo
nacer (amanecer).*

AGRADECIMIENTOS

Primero quiero agradecer a Dios por haberme dado la gran oportunidad de escribir este libro, a través del cual quiero compartir contigo cómo aprendí a convertir los problemas y los desafíos en oportunidades para impulsarme más y lograr salir adelante, espero que sea de utilidad para ti también, para saber cómo usar los desafíos a tu favor.

Agradezco a MIS PADRES Wahib y Aida por darme la vida y por todos sus esfuerzos y sacrificios que cada uno hizo a pesar de sus culturas por amor a sus hijos, por sus enseñanzas y gran sencillez.

A mis hermanos por su gran amor y apoyo incondicional en los momentos más cruciales en mi vida. A mis amigos, ellos son la familia que uno elige de corazón y que en los momentos más difíciles han sido una Medicina para mi Alma.

Quiero agradecerte a ti por haber elegido leer mi libro, por brindarme tu tiempo, tu atención y así darme la oportunidad de cumplir con mi propósito de vida.

A mi querido maestro y MENTOR, a quien admiro y respeto mucho por su inteligencia, por sus valores y sobre todo por su sencillez, por haber confiado en mí y por todo el apoyo brindado en esta maravillosa experiencia de escribir este libro. GRACIAS, GRACIAS, GRACIAS, Lain.

TESTIMONIOS

"Dentro de la cotidianidad de esta vida sembrada de retos y desafíos, querida Haifa, nos muestras a través de estas páginas con tu experiencia de vida, que no importa lo difícil, complejo, desagradable, intimidantes y desafiantes que sean las circunstancias que se nos presenten, es la fe en Dios, la confianza en nosotros mismos y en nuestras habilidades para enfrentar las situaciones y aprender de todos los momentos lo que hace que integremos en nuestro interior lo bueno de cada cosa y resignifiquemos aquello que no nos es grato, convirtiendo así ambas vivencias, en el cincel, que golpe a golpe esculpe nuestra realidad, convirtiéndonos así en la mejor versión de nosotros mismos.

Es así que, Resiliencia, es un libro que guarda en sus páginas el testimonio vívido de cómo una persona común como tú y como yo, gestada dentro de las entrañas de un mundo ordinario, se permite moldear por sus circunstancias, renaciendo para sí y para los demás en un ser humano extraordinario que deja una huella inefable".

Silvia Trigueros Velázquez, Coach en Nutrición Funcional y Trofología.

"La Trilogía Resiliencia es una auténtica guía de superación personal, la cual te ayudará a empoderarte para ser más grande que tus obstáculos. La Historia que nos cuenta su autora y la manera en que lo hace consiguen que te conectes contigo mismo de una manera consciente. De esta forma y mediante sus increíbles herra-

mientas, podrás discernir lo que realmente es importante en tu vida y poner el foco en ello. Haifa, millones de gracias por tu gran generosidad".

Julio Mecerreyes. Autor de la trilogía, "LA ESCALERA A TU NUEVA VIDA".

"Haifa nos aporta a través de su trilogía, una visión de esperanza, demostrándonos que los extremos se pueden entender y que siempre hay lectura positiva de todas las situaciones. Marcada por su experiencia personal, Haifa te ayudará a descubrir lo bueno de cada desafío de la vida".

Sonia Lorenzo Suárez. Autora de la trilogía, TU PASAPORTE AROMÁTICO.

"Resiliencia es una trilogía que ayuda al lector a valorar realmente las situaciones de transformación que todos pasamos por la vida. La autora tiene una historia personal muy potente que inspira a cualquiera y que anima a ser un individuo activo y coherente con las dificultades que esté atravesando. ¡Potente, atractiva y única! ¡Una gran obra! Gracias".

Carolina Castro, Empresaria en Marketing Digital y autora de la trilogía, EN EL NOMBRE DE TU ÉXITO.

"El libro de Haifa, Resiliencia, eres más fuerte de lo que crees, nos devela la capacidad de la autora por descubrir el lado positivo de cualquier situación que nos encontremos en la vida. Ella ha pasado por muchas situaciones que a otro lo hubieran hundido en su interior, pero no, ella, con las dificultades a las  que se ha enfrentado en su vida, ha aprendido a ver siempre el lado positivo de las cosas.

Hija de libanés y mexicana, ha vivido en los dos países, una guerra de 10 años, cambios de residencia, de idiomas y nunca se ha rendido. No importan los obstáculos, si uno desarrolla las herramientas para ser leal a uno mismo sin dar crédito a lo que no tiene importancia. Resiliencia, es un libro de gran ayuda para crear el hábito de ver el lado positivo de la vida y desarrollar tu cultura, tu forma de ser, en definitiva, TU VIDA".

Ignasi Riera Garriga, Asesor en Seguros y autor de la trilogía, EL AVE FÉNIX DIGITAL.

"Siempre leer y sentir el dolor ajeno como propio es una de la más bellas experiencias que uno puede sentir. Pero muy importante: no quedarse en el dolor sino en la imperiosa necesidad divina de buscar el porqué de ese acontecer. Y lo todavía más hermoso, descubrir que la respuesta está en un solo lugar, dentro de ti.

Gracias lector por sumergirte en las páginas que Haifa tiene escritas especialmente para ti. Gracias Haifa".

Emili Puig Mena. Autor de la trilogía, LA ESPIRITUALIDAD DEL DINERO.

ÍNDICE

PRÓLOGO DE LAIN

Todos los retos de la vida son bendiciones disfrazadas.

Disfrazadas porque, en primero instancia, no las vemos como algo bueno, pero que a largo plazo terminamos por darnos cuenta que todo eso fue por nuestro bien y que la vida no te sucede a ti sino que sucede PARA TI.

Ahora, los más importante es tomar conciencia que si a la largo lo veremos como una bendición, ¿por qué no empezar a verlo desde el momento en que sucede?

Imagina la cantidad de días, semanas o incluso años de sufrimiento te ahorrarías si enfocaras tu mente hacia detectar esa bendición disfrutada ante el desafío, en lugar de perder el tiempo en llorar, pensar o sentirse mal.

Creo que la mejor manera de verlo es a través de la mirada de alguien que ha tenido que superar grandes barreras en la vida. Cuando de pronto tomamos perspectiva de nuestra realidad y nos damos cuenta que nada es tan grave y que en realidad ese es el propósito definitivo del alma, el CRECIMIENTO y la CONTRIBUCIÓN.

Como no podemos contribuir con algo que no tenemos, el primer paso entonces es el crecimiento. ¿Y cómo crecemos? Superando desafíos.

¿Y si la vida te mandara todo eso para que pudieras desarrollarte? ¿Y si esta teoría fuera cierta?

Sé de sobras que si estás en estas páginas no es por casualidad, sino por CAUSAlidad. Así que si has llegado aquí significa que contienen algo importante para ti.

Disfruta su lectura, aprovéchala, aprende, pero sobretodo, utilizado para llevar tu vida al siguiente nivel de conciencia y de resultados también tangibles en el plano material.

Gracias Haifa por escribirlo y a ti, amado lector, por leerlo. LAIN, autor de la Saga de LA VOZ DE TU ALMA.

www.lavozdetualma.com

Lain García Calvo

Autor de La Saga, *La Voz De Tu Alma* y creador del Evento Intensivo "Vuélvete Imparable"

¿POR QUÉ TENDRÍA YO QUE LEER ESTE LIBRO?

Porque en este libro hablo desde mi propia experiencia personal acerca de los DESAFÍOS y los CAMBIOS que se fueron presentando a lo largo de mi vida, en repetidas ocasiones, acerca de cómo a pesar de tantas pruebas duras que a veces nos toca vivir, siempre hay una manera de salir adelante.

Mi objetivo principal y el motivo por el cual quiero compartir contigo mi experiencia personal, mi querido lector, es con el fin de poder transmitirte el siguiente mensaje:

Nunca te des por vencido, nunca te rindas, pase lo que pase, sigue adelante, nunca es tarde para volver a empezar, comienza de cero, una y otra vez, una y otra vez, las veces que sean necesarias, no te conformes con menos de lo que te mereces y recuerda que siempre hay una manera de salir adelante, pase lo que pase no te detengas, sigue adelante.

Otra de las cosas a las que me enfrenté (de las cuales te contaré más adelante) fue **cómo aprender a ser fuerte y a vencer mis principales enemigos como son:**la apatía, la tristeza, la depresión, el desánimo, la soledad, el ser diferente, los alacranes de la mente y sobre todo, cómo lograr mantener el entusiasmo a pesar de todo.

Mi Reflexión:

Siempre me repetía a mí misma, **NO ME PUEDO DAR EL LUJO DE PERDER EL ENTUSIASMO** porque sabía que si me dejaba llevar por la tristeza y el desánimo me podía hundir y no tenía otra alternativa más que ser fuerte y salir adelante.

La clave está en tener la suficiente fuerza de voluntad para nunca rendirte y para usar los desafíos a tu favor.

Por eso una vez más quiero compartir contigo el proverbio que menciono al principio del libro:

"Quien quiere hacer algo encuentra un medio,
quien no quiere hacer nada encuentra una excusa"

PROVERBIO ÁRABE

INTRODUCCIÓN

Resiliencia es un libro que trata acerca del contraste que implica haber nacido en dos culturas muy distintas y similares a la vez (en Líbano y México), así como el haber sobrevivido a una guerra civil durante casi 10 años.

Teniendo que aprender a volver a empezar una nueva vida en varias ocasiones y en diferentes ciudades, enfrentando grandes desafíos, tales como el idioma, la inestabilidad, las diferencias culturales y la adaptación, entre otras cosas.

El objetivo principal de este libro es que a través de las propias vivencias y experiencias personales del autor- pueda transmitir un mensaje para no rendirse, para nunca darse por vencido y saber que siempre hay una manera de salir adelante, nunca es tarde para volver a empezar, las veces que sean necesarias.

Dedico este libro a todas aquellas personas que han pasado por algún tipo de desafío en su vida, invitándoles a aprender a descubrir las bendiciones disfrazadas, a seguir adelante, pase lo que pase, a no detenerse, pero sobre todo, a hacerlo siendo uno mismo.

CAPÍTULO UNO

CÓMO SE CONOCIERON MIS PADRES

Era el año de 1960, mi mamá tenía 13 años, estaba en tercero de secundaria cuando sus papás decidieron hacer un viaje a Europa y al Medio Oriente, en compañía de unos amigos. El motivo principal de ese viaje era que mi abuelito Pedro quería conocer la tierra de sus padres, Líbano.

Mi tío paterno trabajaba en una Agencia de Viajes en Beirut, Líbano y él iba a ser el encargado de recibir al grupo que venía de Europa, sin embargo, se le juntó otro grupo y le pidió a mi papá su apoyo para que fuera al aeropuerto a recibir a ese grupo, sin tener la menor idea de que conocería a sus futuros suegros.

En ese entonces mi papá tenía 18 años, se dedicaba a la mecánica de aviación y coincidió que tenía 4 días de descanso, fue así como mi padre pudo recibir a mis abuelitos maternos.

Mi padre llevó a pasear a mis abuelitos a los lugares más turísticos de Líbano, Biblos, Baalbeck, Sidón, el Raouche y principalmente a Marah El Hajj (lugar donde nacieron los padres de mi abuelo materno).

A mis abuelitos maternos les cayó muy bien mi papá por su hospitalidad y amabilidad, ellos también le cayeron muy bien a él, por lo que le dijeron que lo invitaban a que los fuera a visitar y conocer México.

Al regresar a México, mis abuelitos les contaron a sus hijos que estuvieron muy felices durante su viaje a Europa y a Líbano, pero sobre todo, lo que más les había gustado fue el trato y el recibimiento que tuvieron por parte del guía de turista libanés (mi padre).

Mi papá no hablaba español, se comunicaba con ellos en inglés, ya que en Líbano se hablan 3 idiomas oficiales, el árabe, el francés y el inglés.

Comenzó una amistad a distancia entre mis abuelitos maternos y mi padre, le enviaban postales desde México a Líbano y en aquel entonces una carta o una postal tardaba de 2 a 3 meses en llegar, de igual manera mi padre les enviaba también postales de Líbano.

La historia de mis padres comienza cuando mis abuelitos maternos enviaron a mi mamá y a su hermana a estudiar un año de inglés a un Colegio Gorham, New Hampshire en Estados Unidos, en ese entonces mi mamá tenía 15 años de edad. Ya habían pasado 2 años desde que sus padres habían realizado el viaje a Líbano.

Mi madre me contó que eran tantas sus ganas de aprender el idioma inglés, que de repente se acordó del guía de turistas libanés del que le habían platicado sus papás y se le vino a la mente la idea de que tal vez podría escribirse con él para así practicar el idioma.

Entonces mi mamá le escribió a su papá para contarle acerca de su idea y le preguntó si le daba permiso, mi abuelito le respondió que sí y que le daba mucho gusto que tuviera interés en aprender el inglés, le pareció una muy buena idea, así que le envió la dirección de mi papá de Beirut, Líbano.

Mi mamá le escribió a mi papá diciéndole que es la hija de Don Pedro y Aurora, las personas de México a los que él recibió y atendió durante su viaje a Líbano y le dijo que ellos le habían platicado mucho de él, le explicó que el motivo por el cual lo contactaba, era porque estaba estudiando inglés y quería practicar el idioma con él, y si hubiera algún error así él la podría ayudar a corregirlo.

Mi madre envió la carta pensando que a lo mejor se iba a extraviar, ya que era un país muy lejano.

Después de 3 meses, un día ella estaba en el Study Hall, vio una carta en su pupitre con los timbres de Líbano, me contó que sintió una gran emoción y mucha alegría.

Mi papá le contestó que recordaba con mucho cariño a sus papás y que con mucho gusto le iba a ayudar a corregir su inglés. Así fue como comenzaron a escribirse cartas durante el tiempo que estaba ella estudiando inglés en Estados Unidos.

Después mi mamá y mi tía se regresaron a México, mi madre ya tenía 16 años, mi abuelito les buscó trabajo y tanto ella como mi tía entraron a trabajar a Teléfonos de México Internacional, ya que era un requisito que hablaran inglés.

Para ese entonces entre mi madre y mi padre empezó a crecer una bonita amistad, seguían en contacto a través de las cartas, hasta que en 1969 fue el año en que mi papá decidió hacer un viaje por primera vez a Nueva Jersey, Estados Unidos y a México. Mi mamá ya estaba enterada que mi papá iba a venir a México, le dijo que le avisara el día y la hora en que llegaba para ir a recibirlo al aeropuerto.

Un día estaba mi mamá en su trabajo y le llegó un telegrama en donde decía que mi papá llegaría por Air France, sin embargo, cuando le llegó el telegrama solamente faltaba media hora para que llegara su vuelo.

Le dieron permiso de su trabajo para salir y le habló a su hermana (quien ya se había casado, tenía a su primer hijo y vivía cerca del aeropuerto) para ver quién llegaba primero. Mi mamá le mostró a mi tía una foto de mi papá para que en caso de que ellos (mi tía y su esposo) llegaran primero, lo reconocieran.

Cuando llegó mi mamá al aeropuerto, le dijeron que el vuelo de Air France ya tenía una hora de haber llegado y que ya habían salido todos los pasajeros. En aquel entonces el AICM (Aeropuerto Internacional de la ciudad de México) no era tan grande como ahora.

Mi madre se encontró con mi tía y su cuñado, decidieron dividirse y pidieron que vocearan el nombre de mi papá para ver quién lo encontraba primero. Mi madre estaba nerviosa porque mi papá no conocía a nadie y pensó ¡Se va a perder! ¿Cómo le va a hacer?

En el momento en que mi mamá iba caminando hacia el mostrador de Air France para ver si se encontraba ahí, ¿qué crees que pasó?

Mientras ella iba caminando sintió que una persona iba caminando a su lado, se detuvo y cuando volteó, al mismo tiempo dijeron:

Mi madre: ¿Wahib?

Mi padre:¿Aida?

Nada más de contártelo me vuelvo a emocionar.

Ambos se reconocieron, se dieron un abrazo muy emotivo y después ellos fueron en busca de mis tíos para decirles que ya se habían encontrado.

Se fueron a casa de mis tíos en la CDMX (Ciudad de México) y al día siguiente se fueron a Morelos (es un estado que está a 2 horas de la ciudad de México) a casa de mis abuelitos maternos para visitarlos. Ellos ya estaban enterados de su visita y estaban muy contentos de recibirlo. En ese entonces mi mamá tenía 22 años y mi padre 27 años.

Mis abuelitos le correspondieron a mi padre de igual manera, con un gran recibimiento y atenciones, lo llevaron a pasear a Taxco, Guerrero, a Cuernavaca, Morelos (Cuernavaca conocida como la ciudad de la Eterna Primavera).

Mi padre estuvo de visita una semana en Morelos con mis abuelitos, después se tenía que regresar a la ciudad de México porque a los pocos días salía de viaje de regreso rumbo a Líbano.

Durante su estancia en la CDMX, unos tíos muy queridos que vivían en Polanco invitaron a cenar a mis padres. Al salir de esa cena, mi papá le dijo a mi mamá que ella le gustaba mucho y que si quería ser su novia. Cabe mencionar que mis padres se comunicaban en inglés ya que ni mi mamá sabía hablar árabe ni mi papá español.

Mi madre me contó que esa noche fue mágica, salieron de Polanco caminando tomados de la mano, había una hermosa luna llena que iluminaba la noche, era preciosa y estaban tan contentos que caminaron por horas sin sentir el tiempo, se fueron caminando desde Polanco hasta el centro, no sé exactamente cuántos kilómetros fueron, se despidieron y al otro día mi papá tenía que tomar su vuelo de regreso a Líbano.

Mis tíos y mi mamá lo acompañaron al aeropuerto y me contó mi mamá que a la hora de despedirse de él, ella sintió una profunda tristeza en su corazón y cuando vio despegar el avión comenzó a llorar.

A partir de ese viaje, se empezaron a escribir cartas de amor, las cuales aún conserva mi madre, solo que lamentablemente se quedaron en Líbano.

Al siguiente año, en 1970, mi padre le dijo a mi mamá que se quería casar con ella. Mi mamá les platicó a sus papás y a su abuelita a quien adoraba (mi bisabuela Mama Luz). Mi abuelito Don Pedro le dijo a mi mamá que él quería una carta de mis abuelitos paternos, Shafic y Haifa (yo me llamo como mi abuelita paterna) una carta de la petición de su mano y mi mamá así se lo comunicó a mi padre.

Mis abuelitos paternos tampoco hablaban español, pero vieron a una persona para que les escribiera la carta en español. En aquel entonces no era tan común como en la actualidad que se hablara español por aquellos rumbos del Medio Oriente.

Fue un cuñado de mi papá quien les ayudó a redactar la carta, ya que él había estado en Argentina durante muchos años y ahí fue donde él aprendió español.

A partir de que recibieron la carta mis abuelitos maternos, mi madre le dio el sí definitivo a mi padre y él le dijo que vendría a México al siguiente año, es decir, en 1971. Entonces mi madre renunció a su trabajo y se fue a su provincia natal (donde vivían sus papás) para empezar con los preparativos de su boda.

CAPÍTULO DOS

LA BODA

Mis padres habían fijado la fecha del 21 de agosto de 1971 para casarse, mi madre mandó a hacer las invitaciones para comenzar a entregarlas a sus amistades y familiares.

Curiosamente mi hermana menor nació en esa fecha, el 21 de agosto, no sé si es casualidad o causalidad.

Mi padre le llamó a mi mamá para decirle que no se iban a poder casar en esa fecha ya que a su papá (mi abuelito paterno) tenían que operarlo y no lo quería dejar solo. Mi papá era su consentido, como si fuera el mayor, pero mi padre era el tercero de 8 hermanos.

En ese tiempo, mis padres ya tenían más comunicación, no era solamente por cartas sino también por teléfono.

Mi madre ya tenía listo su vestido de novia y a pesar de que se pospuso la fecha de su boda, ella siempre mantuvo su FE, nunca dudó, así que nuevamente mandó a hacer unas tarjetas y empezó a repartirlas con sus amistades y familiares, avisándoles que la boda se posponía hasta nuevo aviso. Como es de imaginarse, se soltaron los chismes, los rumores, de que la dejó el novio la había dejado "vestida y alborotada" (es un dicho).

Mi Reflexión:

A mi madre no le importó lo que la gente iba a pensar o a hablar, su FE ERA MÁS GRANDE QUE SU TEMOR, ella confió en mi padre y en su amor, ella siempre ha sido una mujer de mucha FE.

Primer desafío: El cambio de la fecha de la boda

"Sin crisis no hay desafíos, sin desafíos la vida es una rutina, una lenta agonía. Sin crisis no hay méritos."

ALBERT EINSTEIN

La boda en México

Se tuvieron que esperar 2 meses después de la fecha original, mi padre llegó con anticipación para que todo saliera bien.

Es importante mencionar que mi padre era de religión drusa y mi madre de religión católica. En Líbano estaba prohibido casarse con alguien de diferente religión, sobre todo en aquel tiempo, sin embargo, su amor verdadero venció un obstáculo más, el de las diferencias religiosas, por lo tanto, la boda (tanto civil como religiosa) se llevó a cabo el 16 de Octubre de 1971.

Segundo desafío: Las diferencias religiosas

"Hay una sola religión, el amor. Hay un solo lenguaje, el del corazón. Hay una sola raza, la humanidad. Hay un solo Dios y está en todas partes."

FACUNDO CABRAL

La fiesta fue muy hermosa, alegre y muy bonita. Se fueron de luna de miel a Acapulco y a Taxco Guerrero, después de su luna de miel regresaron a casa de mis abuelitos maternos para preparar su viaje a Líbano.

Mi madre ni siquiera tenía idea de lo que le esperaba, una nueva aventura, todo un mundo desconocido para ella, en muchos sentidos, era otra cultura, no sabía nada de la cultura libanesa, no hablaba el idioma árabe y no conocía a nadie de la familia de mi papá. ¡Vaya que valiente es mi madre!

Mi mamá es una mujer muy valiente, una mujer de mucha FE, la admiro mucho por su fortaleza, por su inteligencia, por su bondad y por su facilidad para adaptarse a los CAMBIOS.

"La Fe ve lo invisible, cree lo increíble y recibe lo imposible."

ANÓNIMO

Más adelante hablaré acerca de los cambios

La despedida de su familia en México fue entre abrazos, besos y lágrimas, después mis padres volaron hacia Frankfurt, Alemania, ya que mi padre tenía unos amigos libaneses desde la infancia que vivían en ese país, los recibieron con cálida cena. Al día siguiente mis papás volarían hacia Beirut, Líbano, un nuevo capítulo en sus vidas, sobre todo para mi madre, una nueva vida.

CAPÍTULO TRES

LA LLEGADA A BEIRUT, LÍBANO

El momento del aterrizaje

Cuando mi madre escuchó que anunciaban el aterrizaje en Beirut, le vino un pensamiento de ¡Qué hice! ¿Cómo me va a recibir su familia? ¡No conocía absolutamente a nadie!

Como decimos aquí en México, fue ahí cuando le cayó el 20 de que ya estaba casada y que comenzaría una nueva vida en una cultura totalmente desconocida para ella.

Sin embargo, ella de inmediato se MENTALIZÓ de que "Todo va a estar bien" pues ella contaba con el amor de mi padre.

Mi Reflexión:

¡Sé positivo! "Una actitud positiva causa una reacción en cadena de pensamientos, sucesos y resultados positivos."

KAREN BERG

El recibimiento en Beirut

Al llegar al aeropuerto de Beirut, fue muy cálido y emocionante el recibimiento de parte de la familia de mi padre, todos hablaban en árabe y al mismo tiempo ☺ y ella ¡no entendía nada!, sin embargo, ella sintió EL

LENGUAJE DEL ALMA, mi madre al ver sus sonrisas en sus rostros y la calidez, la hicieron sentir muy bien. Estaba un Cadillac negro con un arreglo floral esperándolos para llevarlos a casa de mis abuelitos paternos, mientras los demás familiares los seguían detrás en sus coches tocando el claxon en señal de festejo como se acostumbra.

Al llegar a la entrada del edificio en donde vivían mis abuelitos, desde el estacionamiento hasta la entrada del edificio estaba todo decorado con luces para la llegada de los novios, al llegar a la casa de mis abuelitos, les tenían preparados en la sala dos sillones, uno para el novio y otro para la novia junto con 20 arreglos florales alrededor.

Las cuñadas de mi mamá hablaban inglés, le dijeron que se tenía que poner su vestido de novia porque iban a ir todos los vecinos a felicitarlos.

Mi mamá se dejó llevar, estaba feliz, los vecinos tenían curiosidad de saber cómo era la novia mexicana de la cual se había enamorado mi padre, a los invitados les ofrecieron dulces árabes y chocolates (como era la costumbre).

Mi mamá les causó una buena impresión, ya que es una mujer muy guapa con ojos grandes, cabello negro largo y abundante, tenía más o menos las características físicas de la mujer libanesa (ojos grandes).

La boda en Líbano

Después se mandaron a hacer unas invitaciones anunciando la boda de mis papás (tuvieron doble boda, una en México y otra en Líbano), especificando 3 días a la semana en los que iban a estar recibiendo a los invitados que querían felicitar a los novios.

Posterior a eso, mis abuelitos organizaron una cena con sus amigos más íntimos, comieron borrego, shish kebab, tabule, garbanza, berenjena, kebe y otros guisados típicos.

Pasando todos los festejos de la boda, todo volvió a la normalidad, mis padres se casaron a la edad de 24 y 29 años.

Mi padre había renunciado a su trabajo en el aeropuerto y para ese entonces puso una tienda de artesanía oriental a la que llamó "Carolina Shop" en la cual vendía cosas de piel, sillas, abrigos, faldas de piel, tenía un socio y tenían una costurera egipcia que se encargaba de coser a la medida. Sus principales clientes eran los turistas que llegaban de las aerolíneas tales como la KLM, Lufthansa, entre otras, ya que mi padre tenía muchos contactos de su anterior trabajo en el aeropuerto.

Mis abuelitos vivían en el segundo piso del edificio, mis papás estuvieron viviendo ahí aproximadamente un año 4 meses, mi mamá se llevó muy bien con mi abuelita (su suegra) a pesar de que mi abuelita no hablaba inglés, solamente el árabe, pero eso hizo que mi mamá aprendiera el árabe y a cocinar comida libanesa, ¡que por cierto cocina muy bien!

Después mis padres se cambiaron a otro piso con su primer hijo (mi hermano mayor) 2 años después nací yo y al año 5 meses nació mi hermana menor. Curiosamente yo nací el mismo día que mi madre.

Mis padres tenían 4 años de casados, todo iba muy bien hasta que la vida les presentó ¡un desafío muy grande!

*Quieres saber de qué se trata, acompáñame al siguiente capítulo.

Tercer desafío: La Guerra Civil

CAPÍTULO CUATRO

LA GUERRA CIVIL EN BEIRUT, LÍBANO

La guerra civil en Líbano empezó un 13 de abril de 1975, cuando yo tenía un año de edad.

Fue un conflicto ocurrido entre facciones cristianas y musulmanes, también estuvo afectado por intervenciones de Siria e Israel. La guerra tuvo lugar de 1975 hasta finales de 1990, aunque las acciones violentas no terminaron totalmente hasta que fue aprobada una ley de amnistía en marzo de 1991 como estaba previsto en los Acuerdos de Taif, firmados en octubre de 1989 y ratificados en noviembre de 1989. Tuvo una duración de 15 años y medio aproximadamente.

Viví parte de la guerra de 1975 hasta 1984, que fue cuando mis padres, mis hermanos y yo salimos hacia México. Más adelante les contaré de esto.

De pequeña recuerdo que me gustaba mucho mi país, la escuela, cantar, bailar, los idiomas, ya que desde el kinder nos daban 2 idiomas a las vez, árabe e inglés o árabe y francés. Ya después en tercer año de primaria nos agregaban el tercer idioma. En Líbano se hablan 3 idiomas oficiales, el árabe, el inglés y el francés.

En casa, mi padre nos hablaba en árabe y mi madre en español, cuando mi madre nos hablaba en español, mis hermanos y yo le respondíamos en árabe, entendíamos todo en español, pero no sabíamos hablarlo.

Mi mamá aprendió solamente a hablar el idioma árabe, no sabía leerlo ni escribirlo ya que es un idioma difícil, lo aprendió empíricamente. Como mi padre estaba trabajando, una tía nos ayudaba a estudiar y hacer las tareas en árabe y mi mamá les ayudaba a sus hijos con el inglés.

Un día en una clase (no recuerdo de qué materia era) en una lección venía una canción en español y como mi maestra y mis compañeritos sabían que mi mamá es mexicana, la maestra me pidió que se las cantara, le dije que la iba a estudiar para el siguiente día, la verdad es que yo no me la sabía, así que fui con mi mamá y le pregunté y se trataba de la canción "Cielito lindo".

Así que memoricé cuantos ♫♪ay yay yay yay canta y no llores porque cantando se alegran cielito lindo los corazones♫♪

Al día siguiente pasé al frente del salón enfrente de todos mis compañeros (era segundo o tercer grado de primaria) crucé mis dedos detrás de mi espalda y conté cuántos ay yay yay yay eran, sin que me vieran mis compañeros, yo siempre me consideré muy tímida, pero como era una tarea la tenía que hacer y la tenía que hacer muy bien ☺ así que sí me salió bien gracias a Dios.

Todos mis compañeros me aplaudieron, esa era la primera vez que conocí la famosa canción mexicana de Cielito lindo. Tenía una infancia feliz y normal hasta que un día…

Nota: A continuación lo que voy a narrar no es con la intención de que suene a drama o con el afán de causar lástima, sino que son experiencias reales que viví y que menciono con el único propósito de compartir contigo cómo fui enfrentando cada una de ellas con valor, con agradecimiento, logrando así mi superación personal. Gracias por formar parte de ésta lectura.

Entre la vida y la muerte

No recuerdo mucho de la guerra, sino a partir de la edad de 8 años, antes no recuerdo nada, tal vez porque fue hasta esa edad cuando esas experiencias tuvieron un alto impacto emocional en mí y por eso las recuerdo.

El primer recuerdo que tengo de la guerra es cuando una vez estaba en la casa jugando con mi hermana a la casita y empezamos a escuchar un bombardeo a lo lejos, las personas mayores tenían todo el tiempo encendidas la radio y televisión para estar informados de lo que estaba pasando, pero cada vez los bombardeos se escuchaban más y más cercanos y fue cuando por primera vez experimenté ¡EL MIEDO!

Nosotros vivíamos en el cuarto piso y ese día nos bajamos corriendo para ir al refugio, sin embargo, ya era tarde, los bombardeos se escuchaban aún más cerca y ya era muy peligroso salir del edificio, así que nos quedamos como quien dice atorados en el primer piso, nos fuimos a una habitación que consideramos la parte más segura, yo la verdad a esa edad no sabía ni rezar, sí sabía y siempre he creído en Dios.

Yo solo le pedía a Dios que nos protegiera, todos estábamos asustados, sobre todo los niños, había niños más pequeños (mis primos) llorando y el bombardeo empezó desde las 12 del mediodía hasta el siguiente día, es decir, no dormimos.

Dentro de mi mente, como niña de 8 años, mi temor era que los pisos de arriba nos cayeran encima y nos aplastaran, pero gracias a Dios sobrevivimos y lo más increíble fue que al otro día, cuando ya había terminado el bombardeo y pudimos salir a ver, resulta que cayó una bomba en una casa al lado del jardín que daba al primer piso donde nos encontrábamos, que si la bomba hubiera caído en el jardín, no estaría ahora aquí contándotelo.

Todos los vidrios estaban rotos y las paredes llenas de hoyos, pero gracias a Dios, nunca nadie de toda la familia de mi papá y nosotros nos pasó nada. Agradezco mucho a Dios por esto.

Otro recuerdo que tengo, en esa ocasión sí alcanzamos a ir a un refugio, ahí si estuve a punto de morir pero alguien me jaló del brazo y me salvó la vida. También tenía 8 años de edad, esa vez unos aviones estaban atacando a unos soldados y a esos soldados se les ocurrió correr cerca del refugio y a la hora de atacarlos alcanzó a derrumbarse un pedazo pequeño de pared, empezaron a caer piedritas, una de ellas le pegó en la frente a mi abuelita y empezó a sangrar, un primo mío que lo crio como su madre comenzó a gritar ¡abuelita, abuelita!

Empezó salir humo de las mismas piedras que se cayeron y ya casi no podíamos respirar ni vernos, entonces yo corrí inconscientemente rumbo a la salida donde vi luz debajo de una cortina y en lo que único que pensé fue…

En que quería respirar, pero justo ahí afuera estaban disparando, se alcanzaban a ver las luces rojas de los disparos, en eso alguien alcanzó a verme y me jaló del brazo de nuevo hacia adentro del refugio y salvó mi vida.

Gracias a ese joven y gracias a Dios que poco a poco se empezó a despejar el humo y a mi abuelita no le pasó nada, solo le salió un poco de sangre, pero el susto sí fue muy muy grande.

Otro recuerdo que tengo es, una vez nos tocó ir a otro refugio que estaba como a 2 cuadras, pero esas 2 cuadras en una guerra parecen 10 kilómetros, en esa ocasión había un reportero inglés que rentaba el 5° piso arriba de donde vivíamos, solo recuerdo su nombre, Ken, él nos conocía a todos los chiquillos, tenía un jeep y nunca olvidaré cómo nos ayudó esa vez, que Dios lo bendiga siempre.

Ken nos empezó a trasladar a toda la familia en su jeep para llevarnos al refugio, esa vez sí tuvimos tiempo, pero cada vez los bombardeos se escuchaban más y más cerca, Ken hizo como 10 viajes en su jeep, se iba hasta en reversa para ganar tiempo. Ken es un gran ser humano.

Ese día Ken salió levemente herido en el cuello por una bala, ya que como comentaba anteriormente, él era reportero y tenía que estar en pleno bombardeo grabando arriesgando su vida para informar de lo que estaba ocurriendo.

Esa vez también estuvo feo, el bombardeo duró toda la noche, ese día mi padre estacionó su coche (un DeSoto modelo 1955 color azul marino), le gustaban los coches de colección. Lo estacionó donde estaba el refugio, no donde siempre lo ponía en el estacionamiento afuera del edificio donde vivíamos, al otro día, cuando regresamos a casa, todos los coches que estaban estacionados afuera del edificio estaban quemados.

Después, en la noche que NO fuimos a un refugio, esa misma noche, un loco entró a disparar. Nosotros esa vez, sin saber lo que iba a pasar, nos quedamos en otro refugio.

En otra ocasión tuvimos que salir de Beirut rumbo a una provincia en la montaña ya que había rumores de que iban a bombardear en Beirut, esa vez tuvimos que cruzar un camino que estaba súper congestionado.

Recuerdo que me dio terror cuando nos detuvo un camión lleno de judíos, empezaron a hablar entre ellos en hebreo y sentí impotencia de no entender lo que decían, en cambio ellos tenían la ventaja de que si nosotros hablábamos en árabe sí nos entendían y entonces me dio miedo; en mi cabecita pensaba, tal vez están diciendo que nos van a matar, pero gracias a Dios nos dejaron pasar.

Llegamos a la montaña y fue muy triste ver desde el balcón cómo se veía Beirut en la noche con puras luces rojas, es decir, lo estaban bombardeando.

Como los mayores tenían la radio todo el tiempo encendida, nos decían que tuviéramos cuidado ya que a veces había juguetes que eran explosivos, que no los fuéramos a tocar.

Un día yo iba caminando en un patio junto con mi prima menor de cómo 3 o 4 años y vimos un juguete, pero como ya había escuchado acerca de eso, le dije que no lo tocara y fuimos a avisar a los mayores, había un chico que era experto en desactivar esos explosivos, y sí era un explosivo, nuevamente gracias a Dios, no nos pasó nada.

Entonces mi cabecita de 8 años comenzó a pensar, qué casualidad que siempre donde estábamos era como si estuviéramos protegidos, nos íbamos de un lugar y pasaba algo.

Fue ahí por primera vez en mi vida, a la edad de ocho años que aunque no entendía bien, pero sentí la presencia de Dios en mi vida, estaba conmigo todo el tiempo, sentía sin saber cómo explicar que él nos estaba protegiendo todo el tiempo.

En lugar de sentir tristeza, coraje o lástima, porque una guerra es algo muy duro, triste y de terror, yo siempre estaré agradecida con Dios por habernos protegido a mi familia y a mí durante todo ese tiempo, fueron casi 10 años (1975-1984).

Lo único que me daba tristeza era ya no poder asistir a la escuela, a mí me gustaba mucho estudiar, pero cada vez se ponía más y más peligroso hasta que mis padres tomaron la decisión de irnos a México. Esa fue otra aventura que te platicaré en el siguiente capítulo. ¿Me acompañas?

CAPÍTULO CINCO

RUMBO A MÉXICO (COMENZAR POR 1ª OCASIÓN)

Estábamos en plena guerra, en el año de 1984, el aeropuerto estaba cerrado, tampoco podíamos viajar por carretera, en ese caso solo podía ser a través del país, Siria (que está al norte de Líbano). Líbano colinda al sur con Israel y no hay relaciones entre Líbano e Israel, además de que Líbano estaba siendo invadido por Israel en el año de 1982, así que la única opción que teníamos para salir, era a través del mar, el mar mediterráneo (también con riesgo de que nos bombardearan).

La despedida de la familia fue muy triste, sobre todo de mis primos y mis abuelitos. Para mi padre fue muy duro tener que dejar a sus padres, porque sabía que tal vez nunca más los volvería a ver, además de que una de las características de la mayoría de los libaneses, no todos pero sí una mayoría, son muy arraigados, no les gusta dejar su país.

Yo me di cuenta de esto muchos años más tarde, cuando vi la película West Beirut, quedé impactada al ver el final, porque me di cuenta de lo afortunados que fuimos mi familia y yo al poder salir y sobre todo que mi madre es de nacionalidad mexicana y tuvimos otra opción, la de escoger otro país, un lugar a donde ir, cuando muchos aunque querían no podían salir.

Nuestra salida fue a través del puerto de Beirut, primero rumbo a la isla de Chipre, eran 8 horas en barco, y habíamos escuchado y visto que había riesgo de que bombardearan los barcos aunque fueran de civiles porque estábamos en plena guerra y no les importaba que fueran civiles, así que tomamos la siguiente decisión.

Yo a la edad de 10 años

Mi Reflexión:

Nos arriesgamos, ERA MEJOR MORIR EN EL INTENTO QUE NO NUNCA HABERLO INTENTADO.

Todavía recuerdo cuando el barco comenzó a alejarse de la orilla y la ciudad se veía cada vez más y más lejana hasta que se perdió de vista completamente.

En la isla de Chipre nos esperaba un tío y su familia, quienes salieron antes que nosotros de Líbano, debido a que tenían a uno de sus hijos enfermito.

Una vez instalados en Chipre, mi tío quiso convencer a mi padre para que nos quedáramos a vivir en Chipre, para más adelante regresar a Líbano. De hecho, esa fue siempre la idea de mi padre, regresar algún día una vez que terminara la guerra.

En ese entonces gracias a Dios, mi padre ya no tenía la tienda de artesanías que tenía junto con un socio, sino que se había independizado y puso un mini market, así que gracias a eso, nunca pasamos hambre y además le gustaba ayudar a la gente que podía y al resto de su familia, llevando víveres de su tienda.

Retomando el tema de que mi tío quería convencer a mi padre para que nos quedáramos en Chipre, mi madre se mantuvo muy firme y ella convenció a mi papá de que siguieran adelante con la idea de venirnos a México y gracias a Dios que le hizo caso.

De Chipre teníamos que viajar a Canadá ya que ahí vivía un hermano de mi papá(que estaba divorciado), pero su hijo vivía en Líbano con mi abuelita (que fue quien lo crio). Mi tío, a quien nunca olvidaré, porque siempre fue generoso y trabajador, enviaba dinero a sus padres y a sus hermanos que estaban en Líbano. Él era el mismo tío que fue antes guía de turista y el que se suponía que iba a recibir a mis abuelitos de México (cuando visitaron Líbano por primera vez) él era el mismo tío que le pidió a mi papá que fuera a recoger al grupo en donde conoció mi padre a sus futuros suegros.

Los que viajábamos éramos 6 personas, mis padres mi 2 hermanos y yo y mi primo, así que viajamos rumbo a Canadá y allá también mi tío nos decía que nos quedáramos en Canadá, pero la decisión ya estaba tomada y el destino final era México.

Ahí también fue dura la despedida, sobre todo para mi primo quien estaba muy acostumbrado a nosotros, no se quería quedar en Canadá, pero su papá obviamente quería que se quedara con él.

Volver a comenzar de cero por 1ª ocasión

En México, nadie sabía que nosotros íbamos a llegar, era una sorpresa, finalmente emprendimos nuestro viaje hacia México y llegamos el 03 de julio de 1984.

Llegamos a casa de una tía que vive en la ciudad de México (mi tía Lili), fue una gran gran sorpresa para ellos vernos llegar, una gran emoción. ¡No lo podían creer!

Nos quedamos unos días en la ciudad de México y después nos fuimos a la provincia donde estaban mis abuelitos maternos, pero solo vivía en ese entonces mi abuelito, ya que mi abuelita había fallecido hacía ya varios años. También fue una gran emoción para él y para el resto de la familia vernos.

Ellos esperaban vernos flaquitos porque veníamos de la guerra, lo chistoso es que no era así, mi hermano y yo éramos llenitos, mi hermana siempre fue delgada ☺

La barrera del idioma

Todavía recuerdo cuando mis primos nos hablaban en español y les entendíamos todo, pero no podíamos contestarles pues no sabíamos hablar español ☺

En México empezaban las clases en el mes de Septiembre, así que mis padres nos contrataron a un profesor que nos daba clases privadas a cada uno de mis hermanos y a mí, pero cada uno por separado, así fue como en 2 meses aprendimos a hablar el idioma español.

En Líbano yo estaba cursando apenas cuarto año de primaria, mi hermana menor el tercero y mi hermano mayor quinto grado, curiosamente yo no hice cuarto grado, entré directa a quinto grado de primaria, aquí en México. En Líbano eran solamente 5 años de primaria, en México son 6 años, así que en cuanto a la edad iba bien.

En ese mismo año, mis hermanos y yo pasamos a formar parte de la escolta (que se conforma de 5 personas, 3 al frente y dos atrás y la persona con más alta calificación cargaba la bandera de México y la escolta marchaba en el patio los días lunes haciendo honores a la bandera).

Al siguiente año, cada uno de nosotros (mis hermanos y yo) en su grado escolar correspondiente, pasamos a ser abanderados, mucha gente estaba sorprendida, cómo sin ser nuestro idioma natal ya éramos abanderados, es decir, con las mejores calificaciones. Mis padres se sentían muy orgullosos de nosotros.

También allá en Líbano, mis hermanos y yo llegamos a estar en el cuadro de honor, como los alumnos más destacados en su clase, la verdad siempre nos gustó estudiar ☺ y continuamos con nuestros estudios de primaria, secundaria y preparatoria hasta que hubo otro cambio en nuestras vidas que más adelante contaré.

CAPÍTULO SEIS

LA ADAPTACIÓN

Por algo dicen que cuando se es un niño (a) es más fácil aprender todo, es más fácil adaptarse, sin embargo, confieso que siempre tuve el deseo de regresar a mi país, sentía una gran nostalgia, sobre todo, por la forma en la que salimos, ya que nos vimos obligados a salir por nuestra propia seguridad.

Ese sueño de regresar a Líbano me tomó 11 años y no fue como yo imaginaba, más adelante contaré de esto.

Las diferentes mentalidades de cada cultura

Un recuerdo que tengo cuando recién llegamos a México, cuando llovía en el verano había muchos relámpagos y truenos, cuando eso pasaba mis hermanos y yo corríamos asustados hacia mis padres, pensábamos que eran bombardeos, ya que es el mismo sonido, pero en lugar de bombas, en esta ocasión era lluvia.

Hubo algunas personas que se medio burlaban de eso, y yo pensaba cómo pueden ser tan crueles, ese miedo estaba en nuestro subconsciente grabado, pero después de un tiempo lo superamos.

Después como es de esperarse, se topa uno con el *shock* cultural, en Líbano eran unas costumbres y en México otras y era difícil vivir con costumbres de Líbano en México, lo lógico era vivir de acuerdo a las acostumbres mexicanas y uno es el que se tenía que adaptar al nuevo país, ese proceso fue difícil, porque cada quien tiene razón desde su punto de vista y eso hace que a veces se sienta uno diferente a los demás.

A pesar de esas diferencias culturales, con el tiempo conocimos a gente buena, noble y humilde de corazón, sobre todo así es la gente de provincia y siempre estaré agradecida con México y la familia de mi mamá, porque nos recibieron con los brazos abiertos y aunque amo a mi país y a México, más tarde me decidí por México, porque me ha dado mucho más que mi propio país.

Tampoco todo fue color de rosa. En una ocasión un compañero me dijo que no merecía ser abanderada porque era extranjera. Yo era muy tranquila de pequeña, pero empecé a sacar mi carácter en la secundaria y no me dejaba, así que le contesté si soy mexicana lo puedes checar en el Artículo 30 de la Constitución, además merezco ser abanderada por mis calificaciones.

"Conforme al Artículo 30 de la **Constitución Política de los Estados Unidos Mexicanos,** la nacionalidad mexicana se adquiere por nacimiento o por naturalización.

II. Los que nazcan en el extranjero, hijos de padres mexicanos nacidos en territorio nacional, de padre mexicano nacido en territorio nacional, o de madre mexicana nacida en territorio nacional"

Fuente:

https://embamex.sre.gob.mx/espana/index.php/documentacion-a-mexicanos/508-nacionalidad-mexicana

Tanto en Líbano como en México hay gente buena y gente no tan buena, es decir, un poco envidiosa. Cuando alguien me quería hablar mal de México o de Líbano, no se los permitía, porque amo a ambos países y aunque en ambos trataron de discriminarme cuando de conseguir trabajo se trataba (más adelante hablaré de esto) gracias a Dios no lo lograron porque todo lo que he logrado ha sido por mérito propio y por la ayuda de Dios.

Cómo nació mi gusto por la lectura

Cuando iba en la preparatoria, llevábamos la materia de Psicología y me gustaba mucho esa materia, mi maestra me caía muy bien y nos dejaba de tarea leer algunos libros, después nos pedía que hiciéramos un resumen con nuestras propias palabras acerca de lo que habíamos comprendido de la lectura.

A continuación mencionaré algunos de los libros que leí y que me gustaron mucho:

1. *DIBS EN BUSCA DEL YO*

2. *EL HOMBRE EN BUSCA DEL SENTIDO* de Viktor Frankl (curiosamente una noche antes de leer ese libro soñé que vi un laberinto y al otro día cuando vi el libro por primera vez en clase la portada era un laberinto).

3. *EL DIARIO DE ANA FRANK*

En su mayoría eran libros de superación personal y me gustaban mucho, no batallaba para hacer el resumen con mis propias palabras.

Además de la escuela, mi mamá tuvo mucho que ver por mi gusto por la lectura, porque en la escuela era como un deber, por obligación o por una calificación.

Mi Reflexión:

Cuando uno mismo se decide a tener el hábito de leer por su propia cuenta, es diferente, porque es cuando más aprendemos, cuando más lo integramos.

Mi mamá tenía una amiga de Nicaragua, esa amiga le regaló a mi mamá el libro Metafísica 4 Libros en 1 de Conny Méndez, entonces mi madre nos regaló un libro a cada uno de mis hermanos y a mí. Desde entonces me gustó mucho la metafísica y fue ahí por primera vez cuando empecé a aprender a pensar diferente y a no sentirme como un corcho en medio del mar en donde la vida te lleva de un lugar a otro sin tu consentimiento, creo que fue ahí por primera vez cuando sin saber empecé a romper un poco mis paradigmas y al principio uno se emociona, porque ve que los principios empiezan a funcionar y lo primero que quiere uno hacer es correr a contarle a medio mundo, pero como decimos aquí, se sala, es decir, que al hablar de esas cosas ya no te resultan bien, no lo sé, además de que deja uno de practicarlos y se vuelve uno a desviar del camino en el sentido de que vuelve uno a sus viejas creencias.

Después leí por mi cuenta el libro de Paulo Coelho *EL ALQUIMSTA*, me encantó ese libro, sobre todo PORQUE HABLA DE LA LEYENDA PERSONAL y de cómo a veces parece que uno se desvía de su camino, a veces parece que nada tiene sentido y más adelante conforme va uno madurando se va dando cuenta que todo tiene su razón de ser y todo te sirve, aún aquello que en su momento parece malo, COMO BENDICIONES DISFRAZADAS.

También me gustó mucho el libro de Robin Sharma, *EL MONJE QUE VENDIÓ SU FERRARI*, me encantó, y de todos aprendía algo.

Debo confesar que en momentos de soledad entre tanto cambio de residencia; mis mejores amigos y mis mejores consejeros llegaron a ser los libros y sus autores, sin que ellos lo supieran. Tal es el caso como: Robin Sharma, Paulo Coelho, Horacio Jaramillo Loya, Deepak Chopra y más tarde cuando descubrí en julio del 2016 a Lain García Calvo.

CAPÍTULO SIETE

EL ASALTO

Yo estaba en el segundo semestre la carrera de Administración Hotelera, estudiaba en la ciudad de Cuernavava, Morelos, cuando un día entraron 4 personas a nuestra casa y nos asaltaron.

Eso fue en enero de 1994, recuerdo perfectamente ese día por el alto impacto emocional. Afortunadamente mi hermano no se encontraba con nosotros porque había salido a otro estado de la República a visitar a su novia.

En ese entonces mi papá tenía un negocio propio, una mueblería, a veces traía con él invitados a casa a comer. Cuando yo escuchaba a mi padre hablar en español sabía que había visitas, porque entre nosotros en casa nos hablaba en árabe.

Ese día, yo salí temprano de la universidad y en lugar de llegar a la casa, fui a la mueblería de mi papá pero él me dijo que me fuera a la casa ya que él tenía que entregar unos muebles todavía, así que me adelanté.

Un rato más tarde escuché que llegó, mi madre se encontraba en la cocina preparando la comida, mi hermana ya había llegado de la escuela y yo me encontraba en el baño lavándome la cara con la puerta abierta, ese baño no daba directo al pasillo sino que estaba en la parte de atrás, así que empecé a escuchar a mi papá hablando en español, pensé, ah, mi papá trajo visitas con él a comer, pero enseguida escuché a mi mamá exclamar ¡Dónde está Wahib! ¡Wahib! ¡Wahib!

Y entonces mi corazón empezó a latir fuertemente y sentí miedo, me asomé y vi a un hombre apuntando con su pistola hacia mi madre, pero ella se siguió de frente buscando a mi papá y mi primera reacción fue correr a esconderme en el baño, me quedé unos minutos ahí, pero después pensé, NO, yo no puedo dejar a mis padres solos, así que decidí salir para ver qué estaba pasando.

Grande fue mi sorpresa al ver a un hombre armado apuntándole a mi mamá y después cuando me vio me apuntó a mí, el segundo se subió al segundo piso de la casa y otros dos subieron del garaje junto con mi papá quien tenía sangre en su camisa, le habían dado un cachazo en la frente, pero él estaba consciente, así que nos ordenaron a mis padres y a mi tirarnos al piso.

Yo estaba muy preocupada por mi hermana, quien estaba arriba en su cuarto y el que se subió le decía que abriera la puerta y ella le decía que NO, entonces yo no quise hablar en árabe para que no pensaran, uff esos son ricos, así que le empecé a decir a mi hermana por favor bájate, no te va a hacer nada, por fin me hizo caso y se bajó. Fue un gran susto, la verdad por un momento llegué a pensar que nos iban a disparar, pero en mi mente me repetía que NO, no lo aceptaba, empecé a rezar y gracias a Dios no nos hicieron nada, pero sí nos robaron unas joyas que teníamos.

Después sonó el teléfono y les dijimos que estábamos esperando visitas, así que eso los puso nerviosos y nos dijeron que nos encerráramos en el baño y que no saliéramos, nos quedamos ahí como 20 minutos y después que ya no escuchamos ruido, salimos y ya se habían ido.

Fue una experiencia muy desagradable, como comenté anteriormente, por un momento pensé que nos iban a matar, pero mi mente se negó rotundamente y pensé, NO, aún no voy a morir, tengo que regresar a Líbano, porque ese siempre fue mi sueño después de haber salido de allá en la guerra y también pensé, si no morimos en la guerra menos de una bala, sería muy irónico.

En realidad fue gracias a Dios que no nos tocaron y que no nos mataron, pero sí fue un gran susto, una horrible experiencia, estábamos nerviosos, durante días tuve pesadillas y me despertaba enojada diciendo groserías ante la impotencia de no poder defenderme.

*"La permanencia, la perseverancia y la persistencia
a pesar de todos los obstáculos, desalientos e
imposibilidades: Esto es lo que en todas las cosas,
distingue el alma fuerte de la débil."*

THOMAS CARLYLE

CAPÍTULO OCHO

INTENTO DE SECUESTRO

Quince días más tarde, eran casi las 8 o 8:30 de la noche (que era cuando llegaba del trabajo mi padre) entonces nos empezó a gritar una vecina toda asustada diciéndonos ¡Se llevaron a Don Wahib!

Nosotras escuchamos eso y mis rodillas empezaron a temblar, no sentía mis rodillas, pero gracias a Dios mi padre logró escapar y se fue directo con la policía, después llegó a la casa como a los 20 minutos con 4 elementos de la policía.

A partir de ese momento nuestra vida ya no volvió a ser igual, mi padre iba con temor todos los días a trabajar y nosotras vivíamos con miedo, ya habían entrado a nuestra casa, ya sabían dónde vivíamos y si regresaron a los 15 días del asalto, entonces eran los mismos.

Íbamos a estudiar con miedo, en ese entonces viajábamos en autobús, pero mi padre contrató un chofer, nos llevaba y traía diario a la universidad que quedaba a 45 minutos o más, casi a una hora de distancia.

Cambio de 360 grados

Mi padre ya no estaba contento y de por sí su idea siempre fue regresar a Líbano después que terminara la guerra. Esto pasó en enero de 1994 y la guerra en Líbano terminó entre 1990 y 1991, pero a mi papá le iba bien en

su negocio de la mueblería y nosotros estábamos estudiando, pero a raíz de esto, tomó la decisión de dejar
todo, la casa, el negocio e irnos de regreso a Líbano.

CAPÍTULO NUEVE

EL REGRESO A LÍBANO DESPUÉS DE 11 AÑOS (COMENZAR POR 2ª OCASIÓN)

Mis padres esperaron a que termináramos el año escolar, mi hermano había terminado la preparatoria y estaba empezando a trabajar, mi hermana estaba por terminar su tercer y último año de preparatoria, yo terminé el segundo semestre de la carrera de Administración Hotelera, ya que siempre me gustó todo lo relacionado con el turismo, los idiomas, las agencias de viajes y aunque me dolió mucho dejar mi carrera pero pensé, una carrera la puedo hacer después pero si algo le pasa a mi papá, no puedo perder a mi papá por pensar en mí, en mis estudios, esos los puedo continuar después.

Pero antes de ir a Líbano, mi papá nos llevó unos meses a Canadá junto a mi tío (Q.E.P.D.) el mismo, el que fue guía de turistas. Mi tío nos brindó todo su apoyo, nos rentó un departamento amueblado y nos consintió para que olvidáramos un poco lo que habíamos pasado, volvimos a ver a mi primo con el que salimos de Líbano la primera vez que nos venimos a México ya para quedarnos, ya que de pequeños, a veces viajábamos a México de vacaciones para visitar a mis abuelitos maternos.

Después de 2 meses en Canadá, emprendimos de nuevo el viaje de regreso rumbo a Líbano. Yo estaba muy emocionada, después de 11 años mi sueño se había hecho realidad y volvería a ver a mis primos. Estuvimos en México de 1984 a 1995, porque después del asalto nos tuvimos que esperar a terminar el periodo escolar, ya que el asalto fue en enero de 1994.

El reencuentro con la familia

Llegamos a Líbano en Noviembre de 1995, los primeros 5 meses todo era bonito y de color de rosa, era muy grande la emoción de volver a ver nuevamente a la familia, sobre todo a mis primos. Recuerdo que cuando estaba en México, soñaba mucho con ellos, lo curioso, es que a pesar de que habían pasado muchos años, en mis sueños yo los veía como niños pequeños, tal como los dejamos antes de irnos a México.

Otra vez en peligro, mi sueño y mi pesadilla se hizo realidad

Curiosamente antes de regresar a Líbano, estando en México tuve un sueño, soñé que regresábamos a Líbano y a los pocos meses volvían a bombardear y yo le reclamaba en mi sueño a mi papá, le decía: ¿A eso nos trajiste a Líbano? Después desperté y pensé ¡uff!,qué alivio solo fue una pesadilla, tal vez esto se debía a lo que había vivido en la guerra y el inconsciente volvió a recordar.

Fue exactamente a los 5 meses de haber regresado a Líbano cuando en el mes de abril de 1996 hubo un bombardeo en Qana y mataron a unos civiles "por error". **¡Yo no lo podía creer!** Mi sueño se había hecho realidad y pasó exactamente igual como en mi sueño.

Sentí horrible, no solo como si estuviera retrocediendo en el tiempo y volviendo a vivir lo mismo, enfrentando aquello que no quería, sino como de haber dado un paso hacia atrás en lugar de haber dado un paso hacia adelante, tuve sentimientos de tristeza, miedo, impotencia y mucha frustración.

En esos momentos de dolor y con esos sentimientos, se apoderan de uno muy fácilmente los pensamientos negativos, pensé pues de que se trata esto. ¡Cuándo vamos a tener tranquilidad! ¿Acaso esto es una burla del destino? No es justo.

Mi mayor temor era que se volviera a desatar una guerra y no estaba dispuesta a soportar otra guerra, no es lo mismo de niño que de adulto, pero gracias a Dios solo duró un día y después volvió la calma.

Mi Reflexión:

Pensé: NO ME PUEDO DAR EL LUJO DE DARME POR VENCIDA, tengo que salir adelante de esto, así que me armé de valor y no sé de dónde pude sacar fuerzas nuevamente para volver a empezar de nuevo.

"Aprendí que el coraje no es la ausencia de miedo, sino el triunfo sobre él. El hombre valiente no es aquel que no siente miedo, sino el que conquista ese miedo."

NELSON MANDELA

Por suerte mi padre conservaba el local que rentaba, en donde tenía el negocio de mini market. Compró de nuevo mercancía y lo echó a andar nuevamente.

La barrera del idioma y los estudios

Por nuestra parte, mis hermanos y yo queríamos continuar con nuestros estudios, así que empezamos a buscar universidades, sin embargo, no contábamos con algunos de los siguientes obstáculos.

Pensábamos que podíamos continuar nuestros estudios en inglés, pero solamente era posible en 2 de las mejores universidades que hay en Beirut, AUB (American University of Beirut) y BUC (Beirut University College) sin embargo, no contábamos con que eran muy muy caras, por lo tanto decidimos buscar otras opciones.

Empezamos a buscar en las universidades libanesas que eran mucho más económicas PERO tampoco contábamos con **la barrera del idioma**, pues a pesar de que durante el tiempo que estuvimos viviendo en México (11 años) hablábamos en casa en árabe, sobre todo con mi padre, se nos olvidó la escritura y cómo leerlo, ya que el idioma árabe es un idioma difícil, se escribe de derecha a izquierda y nosotros solamente contamos con educación en árabe hasta primaria (sin terminar, ya que la terminamos en México).

Entonces mi padre decidió contratar a una maestra particular para reforzar el idioma árabe, sin embargo, no era suficiente para entrar a la carrera, se necesitaba dominar el idioma al 100%, tanto hablado como por escrito.

No se compara en nada con el idioma español, el cual, a pesar de no ser nuestro idioma natal, con el simple hecho de contar con el 50% del idioma cuando llegamos por primera vez a México, es decir, solamente lo comprendíamos, y no lo podíamos hablar, lo aprendimos al 100% en 2 meses con un profesor particular. Cosa que no sucedió con el idioma árabe.

A pesar de eso, quisimos continuar y seguir adelante con las clases, sin embargo, surgió otro obstáculo más, que desconocíamos tanto nosotros como mis padres.

Resulta que nuestros documentos escolares tenían que tener el Sello de la Embajada de Líbano en México, el sello de la Secretaría de Relaciones Exteriores y de la Secretaría de Gobernación para que fueran válidos, además de estar traducidos en inglés. Lo único que teníamos era la traducción oficial de los documentos al inglés.

Recuerdo que cuando nos dieron esa noticia, yo sentí como si me hubieran echado un balde de agua caliente por todo el cuerpo, lloré mucho, me enojé, me frustré y otra vez pensé, ¡NO PUEDE SER! ¿Por qué tantos obstáculos? No es justo.

El tiempo pasaba y perdimos el año escolar, así que no podíamos quedarnos con los brazos cruzados, teníamos que buscar otra opción, otra manera de salir adelante.

Así que mis hermanos, mi cuñada y yo (mi hermano ya se había casado con una chica de México y se fue con nosotros a Líbano) decidimos entrar a estudiar inglés en American Language Institute, teníamos que mantenernos ocupados, hacer algo.Anexo copia del documento del Diploma que me dieron cuando estudié el curso de Inglés en el **American Language Center.**

Mi Reflexión:

Todo pasa por algo, todo tiene su razón de ser:

CUANTO MÁS GRANDE ES EL DESAFÍO,

MAYOR ES LA OPORTUNIDAD.

Por mi parte, como yo en México estaba estudiando la carrera de Administración Hotelera y me gustaba todo lo que tenía que ver con el turismo, los idiomas, etc., me enteré que estaban dando un curso de 6 meses que se llamaba "Ticketing & Reservation" así que me inscribí y como era en inglés sí lo pude estudiar. Me enteré de este curso por una sobrina de una tía de allá de Líbano, mi idea era empezar a buscar trabajo en alguna Agencia de Viajes.

Mientras seguía estudiando, algo en mi interior me decía que yo iba a crecer, que no me iba a conformar con esto, no sabía cómo, tampoco sabía el qué, pero sabía que algún día iba a triunfar, mientras tanto, seguí adelante con una actitud positiva, aprovechando lo que se me estaba presentando en ese momento.

Un día, íbamos caminando mi hermana y yo cerca de la tienda de mi papá y vi una Agencia de Viajes, le dije ven acompáñame, voy a preguntar si me dan trabajo, así que entré y solamente estaba el dueño, le dije que yo estaba estudiando Ticketing & Reservation y quería empezar a trabajar para practicar y aprender aunque me pagara algo simbólico, ¡¡¡así que el señor dijo que sí!!! Por fin un SÍ después de tantos NO, la verdad no me importaba el dinero porque sabía que eso era un objetivo a mediano plazo, pero era mejor que estar sin hacer nada.

Así que entré a trabajar ahí, estaba bien, era mejor que estar sin hacer nada, sin embargo, estaba muy flojo el trabajo, casi no había turistas y era un poco aburrido, pero al menos estaba empleando mi tiempo de alguna forma útil pero no me conformé.

Fui a buscar otros trabajos, fui al MEA (aerolínea de Middle East) supe de otra Agencia de Viajes en donde pagaban muy bien, fui, apliqué, pero no quedé seleccionada, me puse muy triste, pero después pensé tal vez Dios tiene algo mejor para mí.

A continuación voy a compartir un documento que recibí una vez que terminé el curso de Ticketing & Reservation que aún conservo:

REF.:   BEY/SL - 169

Beirut, 25, May, 1998.

Miss. Haifa El Ghawi,

Beirut , Lebanon.

Dear Miss. El Ghawi,

I am pleased to inform you that you have successfully passed the requisite IATA-UFTAA, Standard Course, English, held in Lebanon , March, 1998.

Enclosed , is your Diploma , certifying the above.

We seize this opportunity to extend our congratulations , wishing you continuous success in the performance of your duties in your job, assuring you of Middle East Airlines support and cooperation for the benefit of the Airline Travel and Tourism Industries.

Yours Faithfully,

RAMSEY. T. YOUNES
VICE PRESIDENT
(SALES LEBANON)

ENCL. Diploma

También tomé un curso de Formación de Profesores de Español en el Instituto Cervantes en Beirut, Líbano. Anexo copia de la carta.

D. LUIS JAVIER RUIZ SIERRA, Director- Coordinador del Instituto Cervantes de Beirut,

CERTIFICA

Que **Dña. Haifa El Ghawi**, nacida en Beirut el 27 de marzo de 1974, ha asistido con aprovechamiento al Curso de Formación de Profesores de Español como Lengua Extranjera organizado por el Instituto Cervantes de Beirut, que ha tenido lugar en Beirut del 23 al 26 de septiembre de 1996, con una duración total de 20 horas.

Y para que así conste y sirva a los efectos oportunos, expido el presente certificado en Beirut a 26 de septiembre de 1996

(sello del Instituto Cervantes Beirut)

Fdo.: Luis Javier Ruiz Sierra
Director-Coordinador

Nº de Registro: CP1/8

La competencia y las comparaciones

Recuerdo que en esa ocasión una persona cercana a mí, me dijo fíjate que la chica con la que estudiaste el curso de Ticketing & Reservation (la sobrina de mi tía por quien me enteré del curso) ya consiguió trabajo y tú aún no.

Me incomodó su mala intención, primero por cuestionarme y segundo por compararme. Pensé: ¿Quién se cree para decirme lo que tenía o no tenía que hacer? Y segundo, ¿por qué me compara?

Admito que en muchas ocasiones "Por educación" (esto se debe a la influencia cultural, de la cual hablaré más tarde) me quedaba callada cuando me decían algo que me incomodaba, por no tener que contestar de una forma grosera, pero en esa ocasión no me quedé callada y le dije: Perdón, pero esto no es asunto tuyo. Yo no estoy a la competencia con nadie, yo conseguiré trabajo cuando lo tenga que conseguir.

La Influencia Cultural

Aunque amo a mi país y me gustan muchas cosas de la cultura libanesa, parte de sus costumbres como es la hospitalidad, la generosidad, el *belly dance* (el baile del vientre), la comida, su música, entre otras cosas, también debo confesar que hay muchas otras cosas que no me gustan.

Una de ellas era la costumbre de pensar primero en los demás antes que en uno mismo, era parte de la mentalidad, considerada por ellos como símbolo de buena educación, de ser amable.

Sin embargo, por esa costumbre, por esa forma de pensar, que formaba parte de mí, como parte de la educación que recibí de mis padres, por los paradigmas culturales, creyendo que era lo correcto, a la larga y después de muchos años, me di cuenta de que no era la manera correcta de pensar, ya que "por educación" cuando alguna persona mayor me decía algo que me incomodaba, aunque no era su intención, me quedaba callada.

Algunas personas hablan sin pensar lo que dicen, muchas veces hieren sin darse cuenta o sin que esa sea su intención, sé que puedo parecer un poco ingenua, pero la verdad si me doy cuenta cuando alguien hace algo intencionalmente o simplemente porque primero habla y luego piensa y no piensa antes de hablar.

Finalmente, llegó el día (como dice Lain) en que había dolido demasiado y es cuando decides que ya es suficiente.

La razón por la que no decía nada, además del paradigma cultural, era también porque tenía miedo de mis propias respuestas hacia ese tipo de personas, sabía que si les contestaba, podía lastimar, pero no lo hacía porque no me gusta ser hiriente.

Finalmente encontré la manera, de saber como contestar a esas personas, que solamente hablan por hablar, sin pensar. Debo confesar que me costó mucho lograrlo, sobre todo porque formaba parte de la educación que había recibido y cambiarlo fue un reto gigante, pero gracias a Dios lo logré.

Es a partir de ahí cuando empecé a cambiar, poco a poco a transformarme, a ya no preocuparme mucho por lo que pensaban los demás de mí, o si me iban a querer o no por ser yo misma.

Mi Reflexión:

Lo mejor es aprender a soltar lo que no te aporta nada bueno, saber perdonar y vivir sin rencor.

"Guardar rencor es como agarrar un carbón en brasa…
El que se quema… Eres tú."

Anónimo

CAPÍTULO DIEZ

MI 1ER TRABAJO EXTRAORDINARIO (UNA BENDICIÓN)

Mientras estudiábamos en el American Language Institute (mis hermanos, mi cuñada y yo), mi cuñada conoció a una mexicana que estaba casada con un libanés, esa señora le dijo que había conocido a unas personas muy agradables y que eran de México, se trataba del Embajador y su esposa.

La misión de ellos era reabrir la Embajada de México en Beirut, Líbano después de haber estado cerrada durante aproximadamente 15 años por motivo de la guerra civil.

Los Embajadores querían reunir a todos los mexicanos/ libaneses para conformar la Comunidad Mexicana Libanesa en Beirut, Líbano.

La amiga de mi cuñada les comentó a los Embajadores acerca de nosotros, les dijo que teníamos pocos meses de haber regresado a Líbano, entonces ellos le dijeron que nos querían conocer. Esto fue a principios del mes de abril de 1997.

Mi cuñada le platicó a mi hermano y primero fueron ellos a la Embajada de México en Beirut, Líbano a conocerlos. En esa ocasión me preguntaron si quería ir con ellos, pero no recuerdo que tenía que hacer ese día y les dije que no podía y que de todos modos les agradecía.

Después mi hermano les comentó a mis padres que los Embajadores, nos querían conocer al resto de la familia, es decir, a mis padres, a mi hermana y a mí, entonces mi papá los invitó a cenar a la casa.

Ellos aceptaron y fueron a cenar a la casa, son unas personas muy agradables (todavía mantengo contacto con ellos), son de las personas más sencillas que he conocido.

Durante la cena, el Embajador empezó a platicar acerca de las actividades de la Embajada, de todo lo que hacían y que ellos tenían poco de haber llegado (a finales de 1996) y querían reabrir la Embajada y formar la Comunidad Mexicana-Libanesa, después de haber estado cerrada la Embajada por casi 15 años.

También nos dijo el Embajador que tenía una asistente de México que no hablaba el árabe, solamente hablaba español y que no estaba muy contenta en Líbano, ya que su hija vivía en México y ella en Líbano, por lo que no se sentía cómoda y que lo más seguro es que tal vez iba a renunciar para regresar con su hija. Ella tenía pocos meses trabajando en la Embajada (6 meses).

Entonces el Embajador les dijo a mis papás que necesitaba a una asistente, a una de sus 2 hijas, ya que lo más seguro es que su asistente se regrese a México.

Recuerdo que esa noche antes de dormir, empecé a imaginar con los ojos abiertos y sintiendo una emoción muy bonita, me estaba imaginando cómo era trabajar en la Embajada por todo lo que nos había platicado esa noche el Embajador, me pareció súper interesante.

Esa era la primera vez, sin saber, que estaba aplicando la visualización. Fue increíble, pero a los quince días de su visita a nuestra casa, nos hablaron de la Embajada a la casa para decirnos que necesitaban a una de nosotras para trabajar como asistente en la Embajada.

La verdad yo pensé que faltaba mucho para que la asistente se fuera, nunca pensé que iban a llamar tan pronto, mis padres nos preguntaron quién de las dos queríamos trabajar en la Embajada, mi hermana dijo que ella quería seguir estudiando (un curso de Office Management) ya que no pudimos entrar a la Universidad, en mi caso yo ya había terminado el Curso de Ticketing & Reservation y estaba en la Agencia de Viajes aprendiendo, seguía muy flojo el trabajo.

Hasta llegué a pensar, de aquí a que se vaya la asistente del Embajador, sirve que yo practico y aprendo más en la Agencia de Viajes. Como en el caso de mi hermana ya estaba tomada su decisión de seguir estudiando, entonces yo pensé, si nos preguntan pues yo elijo si tomar ese trabajo. Yo tenía en ese entonces 23 años de edad, no sabía bien la importancia de lo que era una Embajada, simplemente me cayeron muy bien los Embajadores y por lo que platicaron esa noche, me pareció un trabajo muy interesante.

Finalmente llegó el día de la llamada que cambió mi vida, nos hablaron para ir a una entrevista con el Embajador, así que me acompañó mi mamá y me esperó afuera. Durante la entrevista con el Embajador, yo estaba muy nerviosa, él me dijo que necesitaba a alguien de confianza, que hablara árabe y le gustaba el hecho de que mi madre es mexicana, además de que le cayeron muy bien toda mi familia (mis padres, mis hermanos, mi cuñada y yo). Entonces yo le dije:

Haifa: Embajador muchas gracias por pensar en mí, pero debo ser honesta, yo solamente hablo el árabe, no sé leerlo ni escribirlo bien, en Líbano hay otro idioma árabe que se habla entre las autoridades y en la televisión que yo no sé hablar, que es como más clásico, el que yo hablo es el que se habla entre la gente, el popular, además no sé usar la computadora.

En aquel entonces apenas estaba surgiendo el Internet y no tenía conocimientos de Excel ni de Word, pues apenas estaba estudiando y no había terminado mis estudios universitarios.

Embajador: Tengo a otras 3 personas que están aplicando para este puesto, hay una chica libanesa, que habla 4 idiomas, árabe, inglés, español y francés y los domina perfectamente, al 100%, sabe hablarlos, leerlos y escribirlos, sin embargo, yo quiero a alguien de confianza, si no sabes, aprendes.

Haifa: Debo confesar que las palabras del Embajador me llegaron hasta el alma, pero tenía pánico, así que le dije, está bien, deme oportunidad de pensarlo y le daré pronto mi respuesta.

Embajador:Él me dijo, no lo pienses mucho, recuerda que hay otras personas esperando por ese puesto.

Cuando llegué a la casa, le platiqué a mi papá, y gracias a Dios que mi papá me dijo que sí, él estaba un poco sorprendido, pero doy gracias a Dios que me apoyó. Así que inmediatamente hablé a la Embajada y pedí hablar con el Embajador y le dije que ¡SÍÍÍÍÍ que acepto el trabajo!

Yo no tenía ni idea de lo que era una Embajada, así que NO ME QUEDÓ OTRA OPCIÓN MÁS QUE SER VALIENTE. **Es increíble cómo una decisión puede cambiar tu vida.**

Le pregunté al Embajador cuándo empiezo y me dijo el próximo lunes, así que curiosamente entré a trabajar a la Embajada de México en Líbano como asistente personal del Embajador un día que es feriado en México, un 05 de mayo de 1997, a la edad de 23 años y sin experiencia alguna.

A partir de ese momento, mi vida cambió para siempre ☺ y entonces comprendí que DETRÁS DE LOS DESAFÍOS

SE ENCUENTRAN LAS BENDICIONES y que todo, absolutamente todo lo que había ocurrido anteriormente en mi vida, de dejar mis estudios a medias en México, de regresar a Líbano, de que no me aceptaran en la Agencia de Viajes donde pagaban mejor que en la que estaba, era porque me tocaba estar ahí para ese puesto, ese trabajo cambió mi vida para siempre y para bien.

Como me dijo una vez, una de mis mejores amigas:

"Lo que es para ti, aunque te escondas,
y lo que no aunque te pongas".

Mi Reflexión:

Todavía recuerdo que cuando mi hermano y mi cuñada me invitaron la primera vez a ir con ellos a la Embajada yo les dije que no, porque no sé qué otra cosa tenía que hacer, pero ya estaba escrito que ese puesto era para mí.

A continuación hay una copia del **curso intensivo de Excel** que tomé para realizar bien mi trabajo en la Embajada, yo entré a trabajar ahí el 05 de mayo de 1997.

Como dice Lain, no estás preparado, te preparas haciéndolo.

Mi Reflexión:

Comparto nuevamente el sabio consejo de mi amiga Edtih:

"LO QUE ES PARA TI, AUNQUE TE ESCONDAS, Y LO QUE NO AUNQUE TE PONGAS".

Agradezco a Dios por haber hecho mi sueño realidad, pues sin saber, yo lo había visualizado, pero nunca imaginé que pasaría y sobre todo tan rápido.

Y segundo quiero agradecer al Embajador, por haberme elegido, por haber creído en mí, mucho antes de que yo creyera en mí misma y el simple hecho de que él creyera en mí, hizo que yo sacara fuerzas y aprendiera todo lo tenía que aprender para estar a la altura de ese puesto, ya que no le podía fallar a quien había confiado en mí.

Tercero, quiero agradecer a mi querido amigo de la Embajada, que sin su ayuda, no hubiera podido hacer por completo bien mi trabajo en la Embajada, ya que a veces hablaban para sacar citas con el Embajador, algunas veces no entendía todo el árabe, así que lo memorizaba o lo anotaba en español como me sonaba y corría a preguntarle a mi amigo y ya él me decía, me ayudaba a traducir las invitaciones del árabe al español. Mi amigo desempeñaba el puesto de contador en la Embajada, es muy inteligente y habla muchos idiomas, aún seguimos siendo amigos, él y su familia son amigos muy queridos para mí, Dios los bendiga siempre.

Esta es una frase del poeta y novelista libanés, Gibran Khalil Gibran, que me encantó y aplica a este gran sueño hecho realidad.

"Todo lo que el espíritu desea, el espíritu alcanza."

KHALIL GIBRAN

Oportunidad de trabajar en el SEM

Tenía apenas un año de estar trabajando en la Embajada cuando nos dijeron que estaba la oportunidad de entrar a trabajar en el SEM (Servicio Exterior Mexicano) y si queríamos podíamos aplicar.

En aquel entonces yo era muy joven y no entendía muy bien muchas cosas, pensaba que al vivir en Líbano teniendo también la nacionalidad mexicana ya era considerada como Mexicana trabajando en el exterior.

Así que hice el examen y fui aceptada, sin embargo, cuando me dijeron que eso significaba que tenía que estar viajando de un país a otro como Cónsul u otro cargo, me di cuenta de que no era lo que quería, en ese momento yo quería estar ahí en Beirut, Líbano en la Embajada de México y con mi familia, además de que nunca me gustó la política debido a la guerra.

A pesar de que yo no sabía cuál era mi misión o vocación, yo siempre amaba mis trabajos y mi trabajo en la Embajada me hacía muy feliz.

La verdad nunca me he arrepentido por esa decisión que tomé, simplemente no entendí bien de qué se trataba, pero me siento orgullosa de haber sido aceptada en la lista del SEM (Servicio Exterior Mexicano).

Aunque me considero una persona que tarda un poco para decidirse, pero una vez que tomo una decisión, no hay marcha atrás, no me arrepiento, además de que mis decisiones las he tomado desde lo que me dicta mi corazón, mi intuición, mi alma, porque sigo lo que me hace feliz, aunque desde el punto de vista de la lógica o de los demás tal vez no sea tan sensato, pero con que a mí me haga feliz mi decisión (sin hacer daño a nadie) con eso me basta.

CAPÍTULO ONCE

LOS VIAJES DE PLACER

Grecia

En 1998 se me presentó la oportunidad de hacer un viaje a Grecia, llegó un fax a la Embajada de una Agencia de viajes sobre un viaje a Grecia en un crucero, no era muy grande y no era caro, así que me encantó la idea ya que me encanta viajar, así que invité también a mis padres y a mi hermana para realizar juntos ese viaje a Grecia.

Fue a través de un pequeño barco, saliendo desde Beirut (en el mar Mediterráneo), primero visitamos un lugar en Chipre (isla) después fuimos a varias islas griegas y finalmente a Atenas, fue un viaje increíble y lo más bonito fue la satisfacción que sentí de haber podido regalar ese maravilloso viaje a mis padres y a mi hermana.

Me hubiera gustado invitar a mi hermano y a mi cuñada, pero había nacido mi primer sobrino y era un bebé y se les complicaba un poco más el viaje por barco con un bebé. Las islas que visitamos fueron: Patmos, Kos, Tinos y no recuerdo cuáles otras más, fue increíble cada día despertar y estar en una isla nueva con unos paisajes increíbles.

Siria

En otra ocasión viajamos a Siria, a un sitio arqueológico muy bonito, a Palmira. En ese entonces no había guerra en Siria, viajamos en coche, pues solamente está a 2 horas de Líbano, visitamos Damasco, Alepo y también fuimos al desierto, era una vista espectacular, hacia todos los lados a los que volteaba a ver solo se veía el enorme desierto.

En esa ocasión, nos fuimos en autobús, el cual llegaba a la mitad del desierto (no recuerdo su nombre) y después nos bajamos y caminamos como 100 metros rumbo a una tienda de campaña, ahí ya estaban esperando a todos los turistas, había carne de carnero y mucha variedad de comida, en el suelo había puffs, nos sentamos ahí mientras en medio estaban bailando unos beduinos, fue una experiencia muy bonita, también visitamos el río que está entre Siria e Iraq, el río Tigris y Éufrates.

El río Tigris tiene una longitud de 1900 km. Nace en los montes Tauro de Turquía oriental y fluye en general hacia el sureste. Recorre 400 km en Turquía, 32 km en la frontera con Siria y 1418 km en territorio iraquí, hasta que se une al **Éufrates** cerca de Al Qurna en el sur de Irak. Los dos **ríos** forman el canal de Shatt al-Arab, que desemboca en el golfo pérsico. El nombre "Mesopotamia" quiere decir «tierra entre los ríos».

Fuente: https://es.wikipedia.org/wiki/Tigris

Definición de Beduinos:

"El término del árabe clásico *badawī* llegó al francés como *bédouin*, que a su vez derivó en nuestro idioma en beduino. El concepto se utiliza para nombrar a un hombre árabe que es nómada (es decir, que no reside en un lugar fijo, sino que se desplaza por diferentes regiones, generalmente mientras realiza tareas de pastoreo o caza).

Los beduinos, originarios de Arabia viven en los desiertos de Israel, Jordania, Siria y Arabia Saudita. También se los encuentra en Marruecos, Argelia, Túnez, Malí, Egipto y Libia. Por lo general se organizan en tribus, donde se habla un dialecto.

Se estima que aún hay más de nueve millones de beduinos, que en su mayoría viven en **Arabia Saudita**. También pueden desarrollar actividades comerciales. Los beduinos suelen alimentarse de pan, productos lácteos y diversos frutos que consiguen en los oasis que existen en zonas desérticas. Vestidos con túnicas y otras ropas livianas para soportar las altas temperaturas del desierto, los beduinos duermen en tiendas que pueden cerrarse de modo hermético. Otros datos de interés acerca de los beduinos son los siguientes:

- Se considera que las conquistas árabes que se produjeron durante el siglo VII trajeron consigo una rápida y gran expansión de los citados nómadas. En concreto, por donde más se desarrollaron fue por el norte del continente africano.

- Una de las principales razones que lleva a los beduinos a moverse continuamente de un lugar a otro es la búsqueda del agua. No obstante, también hacen lo propio en pro de encontrar tierras donde el ganado pueda pastar.

- La mayoría de los beduinos hablan badawi.

- Una de las obras literarias, por no decir la única, que ha conseguido recoger la historia de las tribus beduinas es la conocida como *Epopeya de Al-Sirah al-Hilaliyyah*. La misma hay que exponer que forma ya parte del Patrimonio Cultural Inmaterial de la Humanidad de la UNESCO.

- Las tiendas donde viven los beduinos se dividen en dos partes claramente delimitadas que responden al nombre de gatas. Una es para los hombres e invitados y ejerce como hogar. La otra es para las mujeres y niños al tiempo que funciona también como despensa. En concreto los varones menores están en esa parte con sus madres hasta que cumplen unos siete años, aproximadamente.

- Los dátiles y una manteca llamada ghee son otros de los alimentos más importantes que ingieren los beduinos. A la hora de vestir, hay que saber que las túnicas empleadas por los hombres responden al nombre de thawb, que suelen acompañar de una especie de chaqueta que se da en llamar kibrs".

Fuente: https://definicion.de/beduino/

Turquía

En otra ocasión visitamos Turquía, nos hicimos 6 horas en autobús de Líbano a Turquía, en esa ocasión fui con mi hermana y unos amigos, fuimos a Capadocia, tomamos té y probé la comida más rica que nunca antes había probado.

Me gustó mucho Turquía, se me hizo un país limpio, muy verde, su clima bonito (era verano) y su gente amable. Algún día me gustaría visitar Estambul y Ankara.

Me quedé con ganas de visitar Petra en Jordania y Egipto, pero cuando quería ir no estaba bien la situación, no era seguro, así que no fui.

Conociendo mi propio país

A pesar de que nací en Líbano, la verdad es que no lo conocía bien debido a la guerra. Líbano se dividió en Beirut

Oeste y Beirut Este (West and East Beirut) los que cruzaban de un lado al otro les costaba la vida. Hay una película que se llama West Beirut y que trata acerca de esto. A nuestro regreso empezamos a visitar Líbano como si fuéramos turistas, me gustaron mucho **los Cedros, Baalbeck, Byblos** (una de la ciudades más antiguas del mundo),**Sidón**(Saida en árabe) **Tiro, Beit ed-Dine** y otros pueblitos de la montaña.

Beirut es una ciudad muy bonita, vivíamos enfrente del mar Mediterráneo y me encantaba ver las diferentes tonalidades del mar, de acuerdo al color, uno podía saber si hacía frío o calor, era una vista increíble y disfrutaba caminar por el Corniche y ver los atardeceres, también me gustaba ver el Raouche.

El nombre de Líbano

El nombre de Líbano es muy citado en el Antiguo Testamento. Líbano, oficialmente la República Libanesa, es un país que se encuentra en el Medio Oriente, al sur limita con Israel y al norte y al este con Siria, y está bañado por el mar Mediterráneo al oeste.

Existen diferentes teorías acerca del origen de la palabra "Líbano" Loubnan que significa **montaña blanca**, esto es, en relación a las montañas cubiertas de nieve o **blanco,** en referencia al Monte Líbano (en árabe Jabal Lubnan) cubierto de nieve.

En las ciudades de Baalbek, Tiro y Biblos existen los templos romanos y santuarios fenicios más antiguos conservados. Es un país influido por muchas culturas, en Beirut existe la influencia arquitectónica propia de países árabes, con mezquitas, iglesias y rascacielos modernos.

Como he mencionado anteriormente, en Líbano se hablan tres idiomas: Árabe, Francés e Inglés. El nivel de alfabetización es de aproximadamente del 99%.

Fuente: https://es.wikipedia.org/wiki/L%C3%ADbano

Fuente: https://datos.bancomundial.org/indicador/SE.ADT.1524.LT.FE.ZS?locations=LB&view=chart

Los Cedros

Cedrus libani, cedro del Líbano, es un árbol ampliamente citado en la Biblia, desde muy antiguo utilizado en diversos usos. Es un emblema del Líbano. Su madera se considera como una de las más pesadas, densa, fuerte, duradera y aromática. El rey Salomón erigió su templo con maderas procedentes de cedros del Líbano. Del mismo material estaba construida la carpintería del templo de Éfeso.

Fuente: https://es.wikipedia.org/wiki/Cedrus_libani

Baalbeck

Baalbeck (Las columnas del templo de Júpiter)

Baalbek (en árabe, بعلبك Ba'lbakk) es actualmente una localidad de Líbano de 25,000 habitantes a 86 km al este de Beirut. Su economía se basa en el cultivo de viñas y árboles frutales. En la antigüedad fue un santuario fenicio dedicado al dios Baal; fue ciudad griega y a partir de la época de los seléucidas se la llamó Heliópolis, siendo colonia romana desde Augusto.

Es uno de los yacimientos arqueológicos más importantes de Oriente Próximo, declarado Patrimonio de la Humanidad por la Unesco en 1984.

Fuente: https://es.wikipedia.org/wiki/Baalbek

Biblos

"Biblos" fue el nombre que dieron los griegos a la ciudad fenicia de Guebal, situada 40 km al norte de Beirut, en

Líbano, que era el lugar más importante para el tráfico de papiro traído de Egipto.

Biblos (en árabe, جبيل Ŷubayl) es una ciudad ubicada en el Líbano, en la costa del norte del país, a 30 km de Beirut. Situada en una colina, fue una antigua ciudad fenicia, denominada Gubla en los textos cuneiformes y Gebal en la Biblia.

Se cree que fue fundada alrededor del año 5000 a. C. y según fuentes atribuidas al historiador fenicio Sanjuniatón, fue construida por Crono y fue la primera ciudad fenicia. Actualmente, es ampliamente reconocida como una de las ciudades más antiguas del mundo habitada ininterrumpidamente

Fuente: https://es.wikipedia.org/wiki/Biblos

Sidón (Saida en árabe)

Es la tercera mayor ciudad del Líbano. Se encuentra en la costa del mar Mediterráneo, a unos 40 kilómetros al norte de Tiro y 50 al sur de la capital, Beirut.

Sidón fue una importante ciudad de Fenicia, fundada en la misma época que Tiro, Biblos. En el III milenio a.C. desarrolló un importante comercio marítimo y creó numerosas colonias a orillas del Mediterráneo.

Cerca de la ciudad se planta trigo y verduras, y se produce bastante fruta. El antiguo puerto es utilizado por embarcaciones pequeñas.

Fuente: https://es.wikipedia.org/wiki/Sid%C3%B3n

Tiro (Sur en árabe)

Tiro es una ciudad situada en el sur del Líbano. Con 117,100 habitantes, se encuentra en la costa oriental del mar Mediterráneo, al sur de Sidón. El nombre de la ciudad significa 'roca'.

La ciudad fue declarada Patrimonio de la Humanidad por la Unesco en el año 1984, por sus vestigios arqueológicos de diversas civilizaciones.

Tiro fue la más importante de las ciudades de Fenicia, fundada al mismo tiempo que Sidón (hoy Sayda), Biblos (hoy Jubail) y Beritos (hoy Beirut), en el III milenio a. C.

Fuente: https://es.wikipedia.org/wiki/Tiro

Beit ed-Dine (en árabe se traduce como "Casa de la religión")

Beit ed-Dine, es una pequeña ciudad del Líbano, en el distrito de Chouf de la gobernación del Monte Líbano, se encuentra a 50 km al sureste de Beirut y cerca del pueblo de Deir el Qamar. Es una ciudad famosa por su magnífico Palacio de Beiteddine, donde cada año se lleva a cabo en el verano la Fiesta de Beiteddine.

El emir Bashir Shihab II, que más tarde fue designado para gobernar el Monte Líbano, comenzó a construir el palacio en 1788, en el lugar de una ermita drusa, llevó cerca de 30 años en terminarse, trabajaron en ella los mejores artesanos de Damasco y Alepo, así como arquitectos italianos, por lo que su estilo es una mezcla entre lo tradicional árabe e italiano barroco.

En 1934, fue declarado monumento nacional, en 1943, Bechara El Khoury (primer presidente libanés) la declaró residencia oficial del presidente.

Fuente: https://es.wikipedia.org/wiki/Beit_ed-Dine

Beit ed-Dine

CAPÍTULO DOCE

UN NUEVO BOMBARDEO EN BEIRUT (JULIO DE 1999)

Yo todavía estaba trabajando en la Embajada, en esa ocasión mi jefe y su esposa habían salido de viaje, fuera del país, mis padres también, habían viajado ellos 2 solos a México. Una noche mientras yo estaba dormida comencé a escuchar como cuando está relampagueando, entonces me desperté y lo primero que pensé fue, pero si es verano, aquí no llueve en verano sino en invierno, así que me asomé a la ventana mirando hacia el mar.

Era de noche y vi unas luces rojas a lo lejos, entonces corrí a otra parte de la casa a ver otra ventana, ahora la de la cocina y también vi unas luces rojas a lo lejos en medio de la noche y entonces: ¡Me asusté mucho!

Cada vez el ruido se escuchaba más y más cerca y en eso bajó mi hermano, mi cuñada y mi sobrino de 2 años de edad, al vernos a mi hermana y a mí que estábamos solas, también subieron a vernos unos tíos y nos dijeron justo lo que no quería escuchar y lo que me temía: ¡Nos estaban bombardeando!

Fue una noche horrible, no pudimos ir a ningún lado, nos quedamos en la casa, el bombardeo empezó desde la noche y así siguió hasta el siguiente día hasta como a la 1 o 2 de la tarde, esa noche no dormimos y no pude presentarme a trabajar.

Recuerdo que en la mañana salimos al balcón y veíamos los aviones de guerra no muy lejos y sentíamos que las bombas caían encima de nuestras cabezas. La verdad no se puede describir ese miedo, es el miedo a morir, y sobre todo, nos sentíamos desprotegidos porque no estaban mis papás y tampoco los Embajadores, pero gracias a Dios que solo fue un día, porque una guerra uno no sabe ni por qué ni cómo empieza, pero lo peor es que uno no sabe cuándo termina, hay guerras que empiezan y que tardan por años.

Aunque gracias a Dios no nos pasó nada, el susto si fue muy grande y me dio mucha tristeza pensar que ya sería la cuarta generación a la que le tocaba vivir una guerra, primero mis abuelos, después en la época de mi papá, después a mis hermanos y a mí (tercera generación) y ahora a mi sobrino de 2 años.

Desde que regresamos de México a Líbano (a finales de 1995) según con la idea de quedarnos en Líbano para siempre, porque ya había terminado la guerra, nos habían tocado ya 2 fuertes bombardeos (el de 1996 en Qana y el de julio de 1999 en Beirut).

Después como si nada, la gente y nosotros continuábamos con nuestras vidas, con el día a día, aunque parecía que para el resto del mundo no pasaba nada o ya estaban acostumbrados, yo pensaba, yo nunca me podré acostumbrar a vivir en una guerra.

Mis momentos más felices en Líbano

Los momentos más felices que viví en Líbano definitivamente fueron los de la Embajada de México, yo trabajaba de lunes a viernes de 9 a 4 p.m. En ese entonces hablaba puro español y sentía como si estuviera en México y ya en la tarde me sentía en Líbano, pues en casa y con la familia hablaba en árabe.

Trabajé en la Embajada desde 1997 hasta finales del 2001, casi 5 años. El primer año, los Embajadores organizaron la primera de las Fiestas Patrias (por el día de la Independencia de México) juntaron a la comunidad mexicana/libanesa, trajeron a una maestra de baile de México que nos enseñó a bailar a todos, tanto a los que éramos mexicanos/libaneses como a unos amigos que eran solamente libaneses y que ni siquiera hablaban español.

Había una chica que su papá era mexicano (originario de Yucatán) él sí hablaba español pero ella no, sin embargo, ella tenía una voz muy bonita y tocaba la guitarra, así que memorizó una canción en español sin hablar el idioma y entre todos formamos la estampa mexicana para el gran día, el de las ¡Fiestas Patrias!

Los Embajadores invitaron cerca de 600 personas, entre ellas, autoridades libanesas, a Embajadores de otras Embajadas y nosotros teníamos que salir cantando y bailando los bailes folklóricos, la verdad nos salió increíble y fue muy divertido.

La mayoría de las Embajadas esperaban las fiestas mexicanas por su alegría y su colorido y así cada año organizaban una gran Fiesta para las Fiestas Patrias, una vez trajeron a un grupo de México del Ballet Folklórico de Amalia Hernández, ponían Altar de Muertos por el día de Muertos. La verdad, los Embajadores hicieron una labor muy ardua al reabrir la Embajada, al volver a reunir a la comunidad mexicana-libanesa y al dar a conocer lo que es la cultura mexicana.

Después les tocó su cambio de Líbano a Arabia Saudita, todos lloramos cuando se fueron, a mí me dijo el Embajador si quería irme a trabajar con él a Arabia Saudita, le dije muchas gracias, Embajador, pero para países árabes (con todo respeto para los países árabes) prefiero mi país, ya que en Líbano al hablar 3 idiomas oficiales, eso en cierta forma hacía que tuvieran una mentalidad un poco más abierta que el resto de algunos países árabes, donde solamente hablaban árabe. Aunque puedes pensar, pero qué tiene que ver el idioma, sí tiene que ver para tener una mentalidad un poco más abierta, al menos esa era mi percepción, mi punto de vista.

Más tarde llegó otro Embajador junto con su esposa e hija, muy buenas personas también. Gracias a Dios me tocaron buenos jefes.

En ese entonces había tranquilidad en Líbano (calma aparente) como la canción de mi cantante favorito Eros Ramazzotti. Había veces en que despertábamos espantados pensando que estaban bombardeando y resulta que había una fiesta en un hotel y eran juegos pirotécnicos, recuerdo que esa noche me dio mucho coraje y hablé para reportar ese incidente, les dije por lo menos avisen y no lo hagan tan tarde cuando la gente ya está dormida ¿Acaso se les olvida que pasamos una guerra? La policía solo se reía, pensaron esta está loca.

Después una vez iba rumbo al trabajo y empecé a escuchar otra vez bombardeo a lo lejos, en cuanto llegué al trabajo empecé a ver las noticias en Internet y no había nada, entonces llamé a la casa y me dijeron que salió en las noticias que era un barco que estaba haciendo una exhibición y estaban tirando bombas al aire, pero no había ningún peligro, obviamente mucha gente habló para quejarse porque la gente vive asustada pensando que es un bombardero real, no una exhibición.

Es cuando te empiezas a cansar y dices: ¿Qué es esto? Además yo traía la espina de querer hacer una carrera, nunca me conformé con no seguir estudiando, a pesar de que me gustaba mucho mi trabajo. Entonces entró en mi cabecita la loca idea de que me quiero regresar a México, pero no quería tomar una decisión impulsiva, así que tomé un mes de vacaciones y viajé con mi padre a México, quería probarme a mí misma qué era lo que realmente quería.

El viaje de vacaciones a México con mi padre

Recuerdo que mi papá y yo viajamos a México en el mes de Abril del 2001, era Semana Santa, primero visitamos a la familia en la provincia en el Estado de Morelos, después me fui una semana a Cuernavaca a visitar a mis amigos, otra semana a visitar unas primas en la ciudad de México y la última semana otra vez regresé a la provincia.

Cuando fui a la ciudad de México, fui a visitar a la Virgen de Guadalupe, a la Basílica y aunque se supone que soy de religión drusa ya que mi padre (Q.E.P.D.) era druso y mi madre es católica, sin embargo, cuando las personas me preguntaban de qué religión era, yo les decía, en realidad yo creo en Dios y más bien me considero una persona espiritual ya que nunca practiqué la religión católica y tampoco la drusa porque la verdad es que no sabía mucho de mi religión, por eso más bien yo siempre me consideré como una persona espiritual.

Sin embargo, debo confesar que si creo en la Virgen de Guadalupe y cuando fui a la Basílica y entré, empecé a llorar y llorar y llorar, sin motivo alguno, las lágrimas me rodaban por las mejillas, y recuerdo que el deseo que pedí era que quería salir de Líbano y regresar a México, pero era algo que me parecía imposible.

No sé cómo explicarlo, eran sentimientos encontrados, ya que por un lado amaba mi trabajo en la Embajada, pero me di cuenta que era lo único que me ataba a Líbano, en algún momento de mi vida si sentí que estaba en lugar y en el momento correcto pero después algo pasa en el interior de uno que empieza uno a cambiar, a madurar, a querer diferentes cosas, en pocas palabras a querer crecer, porque llega un momento en que voltea uno a ver a su alrededor y se da uno cuenta que ya no está progresando.

Era muy cómodo, tenía un buen trabajo, ganaba bien, un trabajo seguro, pero había un pequeño detalle, ya no me sentía feliz, me sentía estancada y empezó una espinita en mi interior de querer hacer una carrera, además de que ya no sentía que encajaba en Líbano.

Había veces que ya no me sentía ni de aquí ni de allá, es decir, ni de México ni de Líbano (parecido al título de una película mexicana). A veces en México algunas personas, aclaro algunas personas, no todos, me hacían sentir que era extranjera y de igual manera en Líbano, algunas personas, otra vez aclaro, no todos, que era extranjera por ser de madre mexicana, a pesar de haber nacido en Beirut, Líbano y yo les decía a mucha honra.

Nunca me gustó que me hablaran mal ni de México ni de Líbano porque ambos son mis países y a ambos los llevo en el corazón, pero elegí México por las razones antes mencionadas, además puede ser uno más libre, porque en Líbano la sociedad juzga mucho, también aquí en México, pero no es nada comparado con allá y a mí me gusta ser libre.

Entonces empecé a hacer una balanza en mi vida entre los dos países y me di cuenta que en mi país, a pesar de que lo amo, había muchos obstáculos, como el idioma, la inestabilidad de que a veces estaba en paz y de repente te llega un bombardeo de la nada y lo que no me gustó es que nunca sentí un verdadero patriotismo, es decir, allá uno no podía decir soy libanesa porque los mismos libaneses te preguntaban de qué religión eres y eso nunca me gustó.

También había otras cosas incómodas que son consecuencia de una guerra, como el hecho de aun cuando se suponía que ya había terminado la guerra, nos cortaban la luz, no teníamos luz las 24 hrs, también el agua, no siempre había agua y no sé si esto sigue igual hasta ahora.

Hubo algunas personas que se molestaron y comentaron que cómo era posible que una drusa era la asistente del Embajador de México en Líbano si la Embajada estaba en el sector cristiano.

Pensé, ¡Dios mío, pero qué mentalidad! ¿Cómo pueden discriminar a alguien en el trabajo por su religión? Sin embargo, gracias a Dios, Él siempre ha estado conmigo, así que les dije, lo siento, pero le pese a quien le pese, yo soy la asistente del Embajador porque él me seleccionó a mí y dijera mi amiga Edtih: "Lo que es para ti aunque te escondas y lo que no aunque te pongas" Palabras sabias de mi amiga.

También en México me querían discriminar en algunos trabajos porque me consideraban extranjera y llegaron a hacer comentarios de ¿Cómo le vamos a dar trabajo a una extranjera? Era gente que ignoraba el Artículo 30 de la Constitución Mexicana, el cual mencioné anteriormente y que es acerca de la nacionalidad, pero gracias a Dios he tenido trabajos extraordinarios y lo siento por aquellas personas que les molesta el éxito de otros.

No quiero que esto suene a presunción, pero en mi opinión muy personal, creo que simplemente todos tenemos el mismo derecho de ocupar el puesto para el cual tenga uno el perfil y la capacidad, eso es lo justo, independientemente de la nacionalidad o la religión.

Retomando el tema de cuando estaba en la Basílica de la Virgen de Guadalupe, la verdad es que no sé por qué empecé a llorar, pero fue como si se me limpiara el alma de cosas que traía cargando desde hace mucho tiempo.

Cuando regresé a la provincia en Morelos a reunirme con mi padre, él muy lindo me cocinó espagueti y fueron unos familiares a visitarnos ya que era nuestra última semana ahí, antes de regresar a Líbano.

Finalmente llegó el día de partir, a la hora de salir de casa (mi casa en Morelos) tuve un presentimiento, una corazonada que me decía que iba a regresar a México, como en 2 años a más tardar, sin ni siquiera imaginar que regresaría a México mucho antes, es decir, a los ocho meses.

CAPÍTULO TRECE

POR QUÉ DECIDÍ REGRESAR A MÉXICO

Llegamos a Líbano y yo seguía trabajando en la Embajada, continué aparentemente todo normal con mi vida, sin embargo, fueron varios factores los que me orillaron a tomar la decisión final de regresar a México.

Una de ellas, eran las ganas de hacer una carrera, así que desde que estaba en la Embajada me puse a buscar Universidades en México, yo quería estudiar la Licenciatura en Idiomas, así que empecé a seleccionar algunas y empecé a hablar a México para investigar, aún sin haber tomado la decisión final pero EMPECÉ A ACTUAR AÚN SIN SABER QUÉ IBA A PASAR.

Había una compañera, que se la pasaba presumiendo que ella tenía un título y me decía:

La compañera: Ten cuidado porque te pueden quitar tu puesto, ella se refería al de la Embajada.

Mi respuesta: No tengo miedo a nada, si tuviera miedo sería insegura, yo estoy tranquila.

Nunca me gustó competir con nadie, siempre he competido conmigo misma, tratando de ser mejor de lo que he sido antes, en el sentido de irme superando y también de ser una mejor persona, ir puliéndome hasta llegar a ser mi mejor versión.

Si yo quería hacer una carrera era porque siempre me gustó estudiar, desde chiquita. Por algo mis hermanos y yo estuvimos en el cuadro de honor en la primaria en Líbano. En México en la primaria y en la Secundaria fuimos abanderados y los primeros lugares en nuestro grupo, así que no me importaba que ella tuviera carrera, si no que era porque era algo que yo quería hacer desde siempre.

Las casualidades, causalidades o sincronicidades del destino

Así que seguí adelante con la búsqueda de Universidades en Cuernavaca, Morelos, lo curioso es que 3 años más tardé, yo ya estaba en México trabajando en una escuela de español para extranjeros, otro trabajo extraordinario y una vez no sé que estaba buscando y encontré esa lista de las universidades que yo había buscado cuando trabajaba en la Embajada y resulta que el nombre de la escuela en donde estaba trabajando en Cuernavaca, se encontraba en esa lista, pero como en la segunda hoja, que curioso darme cuenta de eso 3 años más tarde y ahí pensé, esto ya estaba escrito, como dicen en árabe MAKTUB, este título me recuerda un libro de Paulo Coelho.

Otro de los factores que influyó en tomar la decisión de regresar a México es que mi hermano, mi cuñada y mi sobrino de 2 años de edad se regresaron a México en mayo del 2001. Cuando mi sobrino se fue, se me partió el corazón, era la alegría de la casa y lo extrañaba mucho, aun así, todavía no estaba decidida del todo.

Después leí un libro del escritor mexicano Horacio Jaramillo Loya, el cual le encargué a mi tía Lili (hermana de mi mamá) le pedí de favor que me lo comprara y me lo enviara a Líbano. El título del libro se llama *El Miedo a ser yo mismo*. Me encantó ese libro, muchos términos con los que me identifiqué como los alacranes de la mente, es decir, que son a veces nuestros propios pensamientos los que nos destruyen.

Pero lo que más me impactó fue cuando leí una metáfora en ese libro en donde decía, por ejemplo, si a uno le gustaban mucho las nueces y metía la mano para agarrarlas, las cuales se encontraban dentro de un cristal, a la hora de tomarlas o recogerlas se cierra el puño, pero uno ya no podía sacar la mano, se quedaba atorada, para poder sacar la mano, se tenían que soltar las nueces y así poder soltar la mano, y ahí fue mi clic mental, como dice Lain, el ajá como decimos aquí, cuando por fin me cayó el veinte.

A partir de ese momento entendí que si quería realmente ser libre y feliz, tenía que soltar aquello a lo que me estaba aferrando porque me gustaba mucho, porque me daba seguridad y prestigio, mi zona de confort, es decir, mi trabajo en la Embajada.

TENÍA QUE ELEGIR entre conformarme con eso, o ir al siguiente nivel para encontrar mi mejor versión arriesgándolo todo, TENIENDO QUE VOLVER EMPEZAR DE CERO UNA VEZ MÁS.

El 11 de septiembre del 2001

Este acontecimiento fue como decimos, la gota que derramó el vaso, recuerdo ese día yo me encontraba trabajando en la Embajada, eran casi las 3 de la tarde de Líbano cuando había ocurrido esto en Estados Unidos cerca de las 7 o 7:30 de la mañana, nosotros estábamos con los preparativos de las Fiestas Patrias que era cuando se hacía la fiesta más grande la Embajada y se invitaba a todas las autoridades, sin embargo, debido a este acontecimiento, se tuvo que suspender por motivos de seguridad, ya que se sospechaba que pudiera haber algún tipo de represalia hacia Líbano como país árabe.

Para ese entonces, mi hermano y su familia ya se encontraban en México. De inmediato nos reunió el Embajador y nos recomendó no salir a lugares públicos, pues no sabíamos qué podía pasar y era mejor tomar precauciones.

A raíz de esto, muchas aerolíneas internacionales dejaron de volar a Beirut, Líbano y se sentía nuevamente la tensión en el ambiente.

Por todos los factores antes mencionados más esto, fue ya como la gota que derramó el vaso y hablamos con mi hermano. Mi hermana y yo y renunciamos a nuestros trabajos y tomamos la decisión de regresar a México.

Mi padre se oponía, me decía, cómo dejas un trabajo como la Embajada, y como él, otros compañeros del trabajo también me dijeron, ¿Estás loca? Aquí tienes un trabajo seguro, de prestigio, les dije, sí, pero ya no me siento feliz, y no sé cómo le voy a hacer pero voy a hacer una carrera en México y voy a conseguir un buen trabajo y voy a triunfar, no sé cómo pero lo voy a lograr.

Despedida en la Embajada

El Embajador que estaba en ese momento se portó muy bien conmigo, me hizo una fiesta de despedida junto con mi familia, en la Embajada. En cuanto a la chica que me decía que cuidara mi trabajo porque me lo podrían quitar, le dije: Yo me voy porque yo así lo decidí. Finalmente se quedó en mi lugar, una chica externa.

Me dolió mucho dejar la Embajada pero sabía en mi interior que era la decisión correcta.

Mi Reflexión:

El Síndrome de la Rana hervida (Metáfora)

Esa afirmación forma parte del llamado **Síndrome de la rana hervida**, un concepto que intenta explicar por qué las personas aguantan situaciones que parecen insostenibles. Como las ranas en esa olla, no percibimos el caos real que se está gestando, la proximidad de una muerte por ebullición que acabará con nosotros sin ser conscientes de ello.

El Síndrome de la Rana Hervida

Si hipotéticamente ponemos una rana en un recipiente lleno de agua y comenzamos a calentarla, a medida que la temperatura de agua comienza a subir, la rana va ajustando su temperatura.

Justo cuando el agua esté a punto de alcanzar el punto de ebullición, la rana no puede ajustar más.

En este punto la rana decide saltar, pero es incapaz de hacerlo, ya que ha perdido toda su fuerza ajustando la temperatura corporal, y la rana tristemente muere.

¿Qué mató a la rana?

No fue el agua hirviendo, fue su propia incapacidad para decidir cuándo saltar.

Hay momentos en los que necesitamos hacer frente a las situaciones y tomar acciones apropiadas antes de que nos sea imposible poder saltar.

¡Decidamos cuándo saltar! Nadie va a saltar por nosotros, vamos a saltar mientras tengamos la fuerza.

Si permitimos que la gente nos explote física, emocional, financiera, espiritual o mentalmente continuarán haciéndolo.

Hay momentos en la vida en que uno sabe que si no salta antes de que el agua esté hirviendo se puede quemar en ella. Es decir, yo sabía que o lo hacía en ese momento o nunca más hubiera tenido el mismo valor para hacerlo y tenía que aprovechar ese momento antes de que me arrepintiera o lo pensara demasiado.

Otra de las cosas que me dolía más que nada era tener que dejar a mi madre, ya que la decisión fue de mi hermana y yo el salirnos solas rumbo a México, era la primera vez que viajábamos solas, yo tenía 27 años de edad y si tenía mucho miedo, pero ERA MÁS MI CORAJE DE SALIR ADELANTE QUE MI TEMOR y sí, sabía que ese momento era ahora o nunca (en aquel momento).

"Ser valiente no es la ausencia del miedo, ser valiente es tener miedo, pero encontrar un camino a través de él."

BEAR GRYLLS

Agradecimiento a Líbano

A pesar de que fue mi decisión salirme de mi país, siempre lo llevaré en mi corazón y estoy agradecida por todo lo que ahí aprendí, siempre me gusta tomar lo mejor de cada cultura y dejar de lado lo que no me gusta o con lo que no me identifico, simplemente porque pienso diferente.

Una de las cosas que más admiro de los libaneses y que siempre recordaré es el mensaje que transmitían o que nos enseñaban a través del ejemplo, de cada vez que había un bombardeo, al otro día volvían a poner vidrios a sus ventanas, como un símbolo de "NUNCA NOS DAREMOS POR VENCIDOS".

Otra cosa que me gusta de mi país, es su hospitalidad, su trato hacia un huésped, que lo hacen sentir como en casa, así como la generosidad, es una manera de demostrar su afecto. Me gusta su música, la comida, su historia por su aportación al mundo con el alfabeto y los fenicios.

Los Fenicios

Fenicia es el nombre de una antigua región de Oriente próximo, cuna de la civilización fenicio-púnica, que se extendía a lo largo del Levante mediterráneo, en la costa oriental del mar Mediterráneo.

La cultura fenicia es una civilización antigua que nos dejó firmes huellas físicas de su existencia. Su lugar geográfico en la historia es la actual República Libanesa y el crecimiento desproporcionado de las ciudades, así como los frecuentes enfrentamientos bélicos del pasado, han dificultado el hallazgo de restos que revelen su cultura material. Sin embargo, a diferencia de otras, dejó un importante legado cultural a las civilizaciones posteriores, principios comerciales y el alfabeto.

Fuente: https://es.wikipedia.org/wiki/Fenicia

CAPÍTULO CATORCE

SALIDA RUMBO A MÉXICO

Mi hermana y yo salimos rumbo a México a los 4 meses del acontecimiento del 11 de Septiembre, la verdad sí teníamos un poco de miedo de cómo nos iban a tratar, pero gracias a Dios no pasó nada, llegamos sanas y salvas un 12 de Enero del 2002 a la ciudad de México en la tarde noche.

Antes de que aterrizara el avión tuve un pensamiento de: ¿Qué rayos hice? Era mi mente que me quería sabotear y me quería entrar el pánico, pero inmediatamente me armé de valor y me dije a mí misma, no hay marcha atrás, a seguir adelante.

En el aeropuerto nos esperaban mi tía Lili (la hermana de mi mamá) y mi tío Mundo (su esposo). Nos llevaron a su casa y al otro día tomaríamos otro avión para viajar a otro estado de la República Mexicana, a Coahuila.

Al siguiente día mi hermana y yo viajamos rumbo a Coahuila, ahí nos esperaban mi hermano y su familia. Fue hasta entonces que me volví a sentir bien, hasta que los vi, ya que antes de verlos, me sentía desprotegida, con miedo y mucha incertidumbre sin saber qué nos esperaba, qué nos deparaba el destino. En este caso, al verlos, aún sin saber qué iba a pasar, me sentí tranquila, porque sentí el soporte emocional de la familia.

*"Nunca es tarde para emprender un nuevo rumbo,
vivir una nueva historia construir un nuevo sueño"*

ANÓNIMO

Lo que sí sabíamos mi hermana y yo, era que queríamos regresar a Morelos y ahí empezar una nueva vida y que nuestra estancia en Coahuila era temporal, a pesar de que ahí estaba mi hermano y nos daba seguridad, pero sabíamos que empezaríamos nuestra vida aparte. Solo al principio de nuestra llegada fueron esos sentimientos encontrados entre nostalgia, incertidumbre y miedo, pero una vez que uno toma una decisión, tomas acción y no te queda otra opción más que seguir adelante, no hay marcha atrás.

Para otros puede parecer lo más normal del mundo viajar solas a la edad de 27 y 26 años, para nosotras fue un verdadero reto, un paso gigantesco el que dimos, tuvimos que vencer nuestros temores e inseguridades y los más importante JAMÁS RETROCEDIMOS, FUIMOS FIRMES EN NUESTRA DECISIÓN.

A mí en lo personal me costaba mucho estar lejos de mi madre, ella para mí es muy muy especial, amo a mi padre, pero tengo con mi madre una conexión muy especial, es como mi mejor amiga, además, nací el mismo día que ella, el 27 de marzo.

Manteníamos contacto con mis padres por teléfono y correo electrónico, en aquel entonces no había WhatsApp o videollamadas.

Aquí mi madre desempeñó un papel fundamental, muy importante en nuestras vidas, convenció a mi papá una vez más para que ellos se vinieran a México. No fue un proceso nada fácil, tampoco fue inmediato.

Por lo general, la mayoría de los libaneses (como llegué a comentar en capítulos anteriores) son muy arraigados a su tierra y por eso mi papá no quería dejar su país, pero finalmente su amor fue mayor que sus tradiciones y costumbres.

Agradecimiento hacia mi hermano

Uno jamás olvida a las personas que te ayudan cuando más lo necesitas y aunque mi hermana y yo nos trajimos dinero (lo que habíamos ahorrado en nuestros trabajos), pero ya no teníamos ingresos. Mi hermano ni siquiera tenía el año de haber llegado a México, él y su familia salieron de Líbano 8 meses antes que nosotras y él también estaba comenzando una nueva vida con una gran responsabilidad, la de mantener a su esposa e hijo y ahora a sus 2 hermanas.

Por eso siempre estaré agradecida con él por su generosidad, por habernos recibido en su casa y siempre nos trató como lo que es, un verdadero hermano, nos sentimos seguras y protegidas.

Desde el principio le dijimos a mi hermano que sería algo temporal, ya que nos queríamos mudar a Morelos, pero teníamos que esperar a que llegaran mis padres ya que ellos también llegarían a Morelos. Se suponía que llegaban en 2 meses.

La espera

El tiempo pasaba y pasaba y no llegaban y yo sentía mucha pena con mi hermano, pues no quería ser una carga, además me empezaba a aburrir, y aunque mi cuñada nos invitaba cuando salía con sus amigas para integrarnos, pero nos sentíamos mal de no estar haciendo nada, así que ella nos recomendó entrar a estudiar algo en lo que llegaban mis papás para estar entretenidas, así que tomamos un curso de francés y ahí nos hicimos de un grupo de amigos súper buena onda con los que empezamos a salir a todos lados, por lo menos ya no nos sentíamos tan tristes durante la espera. Lo que se suponía iban a ser 2 meses, se convirtieron en 5 meses, casi 6, finalmente mis padres llegaron a Morelos, México en junio del 2002.

CAPÍTULO QUINCE

VIAJE A MORELOS (COMENZAR POR 3ª OCASIÓN)

Llegamos a nuestra casa en Morelos a limpiarla, estaba deshabitada durante muchos años, todos los años que estuvimos en Líbano (finales de 1995 y principios del 2002) casi 6 años y medio.

De inmediato mi hermana y yo nos pusimos a buscar trabajo y también universidades, ya que una de nuestras metas era seguir estudiando y tener una carrera universitaria.

Al principio mi papá me decía, dejaste tu trabajo en la Embajada y mira ahora estás buscando trabajo, yo no le decía nada y seguía adelante con lo que traía en mi mente, pero era como un reto, menos podía fallar, ya que él todavía tenía la esperanza de que tal vez nos querríamos regresar a Líbano, al no ver resultados.

Así que nuevamente mi hermana y yo nos mantuvimos firmes en nuestra decisión y sin marcha atrás, así que nuestra búsqueda empezó desde julio del 2002 hasta mayo del 2003.

Tardamos casi 10 meses para encontrar trabajo y aunque gracias a Dios vivíamos con mis padres, ellos nos daban casa y comida, pero nosotras queríamos salir adelante por mérito propio, trabajando y estudiando a la vez.

Primero lo que encontramos fue la Universidad y la única que se acoplaba a nuestras necesidades, es decir, en un horario que nos permitiera trabajar, era una Universidad a la que tendríamos que asistir una vez a la semana, el día sábado de 9 a 2 de la tarde (presencial) durante 3 años y medio.

No era precisamente la carrera que queríamos pero nos dimos cuenta de que al buscar trabajo nos pedían estudios universitarios, si no, o no nos daban trabajo o nos querían pagar menos de lo que merecíamos.

Además hablamos 3 idiomas, el árabe, inglés y el español, razón de más para decidirnos a continuar con nuestros estudios y tener el título universitario, para que nadie lo tomara de excusa para pagarnos menos, pero al principio así fue, en lo que terminábamos la carrera.

Mi Reflexión:

HAY OCASIONES EN LA VIDA EN QUE UNO TIENE QUE APRENDER A GANAR PERDIENDO, es decir, tener un trabajo aunque no ganáramos exactamente lo que queríamos, PERO ESO ERA SOLAMENTE ALGO TEMPORAL, TENÍAMOS PUESTO NUESTRO OBJETIVO A LARGO PLAZO y eso era mejor mientras terminábamos la carrera, a estar sin hacer nada y sin tener trabajo.

Recuerdo que a mi hermana y a mí no nos gustó mucho la Universidad, a mí me hubiera gustado estudiar en una Universidad como las que salen en las películas de Estados Unidos ☺ todas grandes y bonitas, pero aquí le dije a mi hermana: TENEMOS QUE VENCER LA APATÍA, TENER FUERZA DE VOLUNTAD Y SER FIRMES para lograr la meta fijada.

Una cosa que agradezco a México, es esa flexibilidad que hay, es decir, las diferentes opciones para estudiar y no era cara, así que nos adaptamos en ese momento a las circunstancias en mira de lograr nuestra meta y valorando que al menos aquí en México sí era posible hacer la carrera ya que Líbano que no se pudo de ninguna manera, ya sea por el idioma o por las colegiaturas tan caras.

Así que un buen día empezamos a estudiar, solo íbamos los sábados, ahora teníamos que encontrar un trabajo que fuera de lunes a viernes para poder seguir estudiando, estábamos haciendo la carrera de Licenciatura en Administración de Empresas.

Nosotras empezamos a estudiar en septiembre del 2002 y en mayo del 2003 encontramos un trabajo en una escuela de español para extranjeros y gracias a Dios era de Lunes a Viernes.

Lo curioso es que empezamos las cosas al revés, el orden, primero la universidad y luego el trabajo, pero gracias a Dios que las cosas se fueron acomodando.

No estaba en mis planes trabajar en una escuela, yo quería trabajar en algo del sector Gobierno por mi anterior trabajo (La Embajada) y había metido una solicitud en una empresa (CAPUFE) Caminos y Puentes Federales, donde pagaban muy bien, sin embargo, me traían semana tras semana diciéndome que me comunicara la siguiente semana, sin darme una respuesta definitiva de si me iban a contratar o no, solo me daban largas.

Cuando estábamos buscando trabajo en Cuernavaca

A raíz del 11 de septiembre ya hasta en México, al saber que eres de Líbano, algunas personas para contratarte te preguntaban si eres de religión musulmana, como si fuera malo eso.

Yo tuve amigos de distintas religiones, cristianos, musulmanes y drusos. Para mí la religión no hace a la persona, sino sus valores y sus principios, no por su religión, raza o nacionalidad. No me gusta juzgar ni que juzguen por esos motivos.

Mi sueño con los Arcángeles y el jardín

Unos meses antes de encontrar trabajo empecé a soñar con muchas caras nuevas, en su mayoría personas rubias, después soñé un jardín muy bonito y después en mis sueños veía a Arcángeles de diferentes colores volando en el cielo.

Esto puede sonar muy fantasioso, pero la verdad es que muchas cosas se me han manifestado a través de los sueños pero muchas de ellas, un ejemplo, fue el que mencioné anteriormente cuando soñé (antes de irnos a Líbano) que había un bombardeo. Seis meses después ese sueño se hizo realidad.

Retomando el tema del sueño de los Arcángeles, unos meses después, mi tía Lili (hermana de mi mamá) tenía una amiga, quien tenía a una hermana que vivía en Cuernavava, Morelos.

La hermana (de la amiga de mi tía) era una de las familias que recibía a estudiantes extranjeros que llegaban a Cuernavaca a aprender el español, mi tía le dijo que tiene unas sobrinas que vienen de Líbano y que hablan inglés. Mi tía nos dio el contacto de ella, así que le hablamos y quedamos de vernos para comer. Recuerdo perfectamente el nombre del restaurante, se llama La Terraza, no sé si todavía existe, ya que esto fue en Febrero del 2003.

Cuando mi hermana y yo entramos al restaurante había una pequeña recepción y nos preguntaron: ¿Cuántas personas son? Les dijimos somos 3 y ya nos está esperando una amiga, pero en eso no sé cómo volteo y veo en la pared colgada una imagen con los 7 Arcángeles y me quedé impactada porque de inmediato recordé mi sueño, entramos y resulta que la Señora con la que quedamos para comer estaba en la parte del jardín del restaurante, había la opción de sentarse adentro o en el jardín y recordé nuevamente mi sueño. ¡Fue increíble!

Nos cayó muy bien la señora, ella era un poco mayor (Q.E.P.D.) nos empezó a platicar que ella es amiga de la Directora y de la mamá de la Directora y que se trataba de una escuela de español para extranjeros, entonces ella recibía en su casa a los estudiantes y les daba hospedaje, los alimentos y la transportación a la escuela. Era una forma de inmersión completa del estudiante para aprender el español, no solamente en la escuela, sino conviviendo con una familia mexicana.

Las ventajas eran para ambos, las familias ganaban dinero y para los estudiantes era más barato que hospedarse en un hotel, además de que tenían la inmersión total tanto del idioma como de la cultura mexicana.

La señora nos dio los datos de la Directora, mi hermana y yo fuimos a verla para una entrevista. Ella me cayó muy bien y nos dijo que necesitaba a personas que dieran clases de español, es decir, clases de conversación a los extranjeros pero que el grupo de estudiantes llegaba en mayo, era febrero y todavía faltaban 3 meses. Se nos hizo eterno, pero finalmente llegó el día y entramos a trabajar el 19 de mayo del 2003.

Desde un principio yo le dije a la Directora que esto sería algo temporal ya que yo estaba buscando trabajo en la Empresa de Gobierno CAPUFE (Caminos y Puentes Federales) y que aún no me daban una respuesta definitiva, ella aceptó y nos contrató a mí y a mi hermana.

La verdad eran unas cuantas horas al día y se ganaba muy poco, pero yo estaba tan aburrida de estar en la casa y de no hacer nada que no me importaba ganar poco, es más, ni siquiera ganaba nada ya que me lo gastaba en mis viáticos. Yo vivía a 45 minutos de distancia de mi trabajo y viajaba diario en autobús, lo que ganaba lo pagaba en mis pasajes, aun así quise seguir adelante.

A pesar de eso mi pensamiento fue el siguiente: **Yo estaba tocando las puertas en la Empresa de Gobierno,** donde se suponía que era un trabajo más estable, donde pagan mejor y era de prestigio.

Sin embargo, **la puerta que se abrió fue la de la escuela,** y a pesar de que no era ahí donde yo quería estar, lo vi como algo temporal para llegar después a mi objetivo.

SOBRE TODO, LO INTERPRETÉ SI DIOS ME ESTÁ ABRIENDO ESTA PUERTA, ES LA SEÑAL DE QUE ES POR AQUÍ POR DONDE DEBO CONTINUAR y si la otra puerta no se abre, es por algo, ya me había cansado de que me dieran tantas largas sin decirme si sí me iban a contratar o no.

Mi Reflexión:

Uno nunca se imagina las vueltas que da la vida

Retomando el día en que mi hermana y yo fuimos a la entrevista con la directora de la escuela, quien nos había dicho, que solo tenía vacantes para dar clases de conversación a los extranjeros (en su mayoría venían de Estados Unidos) esto fue lo que pasó:

Curiosamente, mientras yo estaba esperando a la Directora y estaba mirando a los estudiantes, una vez más tuve un presentimiento, un pensamiento de que me gustaría trabajar ahí, no lo expresé verbalmente, pero sí lo sentí como un profundo deseo.

Sentí algo parecido a aquella ocasión en que el Embajador nos estaba platicando la primera vez acerca de lo que se trataba la Embajada, y que yo más tarde empecé a soñar despierta cómo sería trabajar ahí, pero EN ESTA OCASIÓN NO VISUALICÉ, SIMPLEMENTE LO DESEÉ CON EL CORAZÓN.

A la semana de haber empezado a trabajar en la escuela de Español para Extranjeros, me dijo la Directora que quería hablar conmigo y me dijo que su asistente quería renunciar, a la semana de que le llegó el grupo de estudiantes de Estados Unidos, estando en su temporada más alta, me preguntó si yo quería ese puesto y por supuesto que le dije que sí, iba a tener un sueldo fijo y ya no solamente un pago por unas horas de dar clases de conversación en español.

Así que yo estaba muy contenta, era la oportunidad que estaba buscando, de encontrar un trabajo y ya tener la estabilidad que uno busca después de volver a empezar de nuevo.

Sin embargo, la chica que le dijo que iba a renunciar, después se arrepintió y le dijo que no quería renunciar, como era temporada alta, la directora de la escuela necesitaba mucha gente para trabajar con ella, ya que había muchas actividades que hacer.

La directora le dijo a esa chica que de todos modos me fuera enseñando, pero como era de esperarse, no me estaba enseñando bien, pues temía que me quedara en su lugar, así que la Directora me dio otras actividades y me puse a hacer otras cosas administrativas, así como llevar a los estudiantes de excursión, lo cual me resultó muy divertido. Lo bueno es que la directora me pagaba lo que me prometió.

Conocí muchos lugares muy bonitos en esas excursiones y lo más padre es que era todo pagado, llegué a ir con los estudiantes a Acapulco, Guerrero, a Taxco, a las pirámides de Teotihuacán en el Estado de México, en donde se encuentran la pirámide de la Luna y la Pirámide del Sol. También fuimos a Xochicalco, a Puebla, a Tepoztlán (un pueblo mágico) y a lugares turísticos dentro de la ciudad de la Eterna Primavera, como es conocida la Ciudad de Cuernavaca, Morelos.

Así estuvimos muy contentas mi hermana y yo, conocimos muchos estudiantes muy buena onda, personas nuevas en el trabajo, sin embargo, ya la temporada alta de la escuela había llegado a su fin, que era de mayo hasta casi finales de agosto.

En el mes de septiembre, la directora tenía que hacer recorte de personal ya que se iban los grupos de estudiantes y solo quedaban los estudiantes que venían a estudiar por su cuenta y no a través de las Universidades.

Se llevó a cabo una reunión con la directora de la escuela y todos los que trabajábamos ahí y nos dijo que iba a haber recorte de personal, en cuanto escuché eso ¡casi me da el ataque! La verdad fue una pésima noticia para mí ya que pensé, lo más lógico es que elija a la chica que ya tiene experiencia por llevar varios años ahí con ella, además a mí no me conoce, seguramente va a preferir a alguien que ya le sabe bien a su negocio sin tener que enseñarle de nuevo todo a una persona nueva.

A mi hermana le tocó recorte de personal y cuando llegó mi turno yo estaba nerviosa, pensé: ¿Y ahora qué le voy a decir a mi papá? ¿Que me quedé sin trabajo? ¡Oh Dios, era como retroceder!

Yo no tenía el control en mis manos, estaba en medio de la incertidumbre y no sabía qué iba a pasar, entonces ANTE UNA SITUACIÓN ASÍ, EN LA QUE NO SABES QUÉ VA A PASAR, pensé lo siguiente:

Mi Reflexión:

VOY A SOLTAR EL MIEDO A LA INCERTIDUMBRE Y DIJE: DIOS, QUE PASE LO QUE TENGA QUE PASAR, DEJO TODO EN TUS MANOS.

Mi temor era que escogiera a la chica que tenía más experiencia, para mí, era lo más lógico que iba a pasar, sin embargo, como dejé de tener miedo y dejé todo en manos de Dios, Dios hizo un verdadero milagro y como siempre supera mis expectativas.

La directora habló conmigo y para mi sorpresa me dijo que era a mí a quien elegía, ya que yo fui honesta con ella desde el principio cuando le dije que estaba buscando otro trabajo (en la empresa de Gobierno) y que la otra chica ya no le daba confianza ya que la quiso dejar en su temporada más alta de trabajo.

¡Yo no lo podía creer, le agradecí tanto a Dios! Era un verdadero milagro, le dije a la Directora que yo no tenía ninguna experiencia en ese sector (educativo) porque yo había estado en el sector gubernamental, pero que estaba dispuesta a aprender.

Después de haber tocado muchas puertas, finalmente se me presentó ahí en la escuela de español para extranjeros, la oportunidad de trabajar. Por eso siempre le estaré agradecida por haberme dado esa oportunidad y por haber confiado en mí, aún sin conocerme bien.

Ella no tenía idea de lo importante que era para mí tener estabilidad laboral y yo tampoco tenía idea de que aquel trabajo que yo consideré al principio como una opción temporal, después se convirtió en mi trabajo durante 8 años consecutivos, uno nunca se imagina las vueltas que da la vida.

Creo que la clave está en saber interpretar y aprovechar las oportunidades que Dios y la vida te dan. A veces uno tiene que aprender a mirar más allá y si uno se entrega y hace su trabajo con amor, se te regresa en bendiciones.

Así que empecé a aprender todo lo que tenía que aprender, después me convertí en el brazo derecho de la directora, me encargaba de la Coordinación de las familias, es decir, de asignar de 80 a 100 estudiantes en las diferentes familias con las que teníamos convenio la escuela, me encargaba de la nómina, de pagar a los profesores y a las familias que recibían a los estudiantes, me encargaba de cobrarles a los estudiantes y de la logística desde su llegada al aeropuerto de la ciudad de México hasta llegar a la ciudad de Cuernavaca con sus familias mexicanas y de la logística a su regreso al aeropuerto.

Me llegué a encargar de seguir llevándolos de vez en cuando de excursiones, a veces los fines de semana y así mientras trabajaba, estaba estudiando los sábados la carrera de la Licenciatura en Administración de Empresas, solo llegué a faltar algunos sábados por las excursiones, pero a veces yo escogía las excursiones de los domingos para no faltar a clases el sábado.

Al año de estar trabajando ahí en la escuela, mi vida volvió a dar otro giro y de algo tan simple como querer sacar una visa para ir a Estados Unidos a visitar a una tía (mi tía Georgi), se convirtió en una maravillosa oportunidad, ya que a mi jefa se le ocurrió una idea brillante.

Fui a tramitar mi visa a la Embajada de Estados Unidos y recuerdo que en el camino iba llorando porque no tenía un estado de cuenta en donde tuviera un dinero ahorrado y pensé no me la van dar por 2 razones, una si me piden un Estado de cuenta, no tengo nada ahorrado y segundo tal vez por ser árabe no me la quieran dar (por lo que pasó a partir del 11 de septiembre).

Nuevamente ante la incertidumbre, me rendí y dejé todo en manos de Dios, yo continué, seguí adelante con los trámites, nunca me detuve a pesar de que parecía que tenía todas las de perder, pero confié en Dios y una vez más Dios superó mis expectativas.

Dios se vale de personas (que son como ángeles que te envía para que te ayuden), un estudiante norteamericano, Hollis, me ayudó a llenar la solicitud, puso sus datos, en caso de que necesitaran pedir referencias, creo que él tuvo mucho que ver para que ¡ME DIERAN LA VISA! Y para mi buena suerte no me pidieron ni un solo documento, solo me entrevistaron y yo solita me enredé en mis respuestas de una forma tan chusca por los nervios, que al cónsul le dio risa y me la acabó dando (la visa).

La pregunta que me hizo fue la siguiente:

Cónsul: ¿Cuál es el motivo de su viaje a Estados Unidos?

Yo: Voy a visitar a mi tía que es hermana del esposo de mi tía (hermana de mi mamá).

Al cónsul le dio risa mi respuesta, después me hizo otras preguntas y me volvió a preguntar:

Cónsul: ¿Cuál es el motivo de su viaje a Estados Unidos?

Yo: Le vuelvo a contestar, voy a visitar a mi tía que es hermana del esposo de mi tía (hermana de mi mamá).

Al cónsul le causó mucha gracia mi respuesta toda enredada, no sé si se notó que estaba nerviosa, no sé, pero lo que sí sé es que ¡Me dieron la visa por 10 años!

La verdad es que no lo podía creer, estaba súper emocionada. Gracias a Dios por ese milagro y a mi querido amigo Hollis. A raíz de esto, a la Directora le surgió ¡Una brillante y maravillosa idea!

¿Me acompañas a saber cuál es?

CAPÍTULO DIECISÉIS

MI 2º TRABAJO EXTRAORDINARIO (UNA BENDICIÓN)

Cuando mi jefa supo que me dieron la visa me dijo: Haifa vas a viajar conmigo a Estados Unidos, vamos a ir a Chicago, Illinois, vamos a promocionar la escuela y a reclutar estudiantes y es viaje todo pagado, iban a ser unos 4 o 5 días, eso fue en noviembre del 2004.

¡No lo podía creer, wow pero qué maravilla, un viaje a Chicago y todo pagado! Me puse súper feliz y obviamente le dije que sí.

A partir de ese momento comencé a viajar a varios lugares de Estados Unidos, algunas veces con mi jefa, otras veces sola, la verdad yo no llegué a manejar allá sino que de los mismos estudiantes que iban a Cuernavaca los contrataba por parte de la escuela y ellos me ayudaban a trasladarme allá, era muy divertido, pues después salíamos a cenar, y así estuve viajando y conociendo varias partes de Estados Unidos, todo pagado y lo más curioso es que fui a visitar a mi tía Georgi (la hermana del esposo de mi tía) ☺   hasta 5 años después de que saqué la visa, cuando el motivo principal para sacar la visa era para visitarla.

Quién me iba a decir, cuando yo iba llorando en el autobús de que no tenía nada en mi cuenta, pensando que tal vez no me darían la visa, que no solamente iba a obtener la visa, sino que iba a estar viajando por varios lugares de Estados Unidos durante muchos años consecutivos y todo pagado.

¡Una vez más Dios superó mis expectativas!

Durante mis viajes a Estados Unidos

Mis viajes a Estados Unidos significaron mucho para mí, no solo porque me encanta viajar, sino por el crecimiento que hubo en mi persona, todavía recuerdo cuando viajé por primera vez sola, bueno con mi hermana a la edad de 27 años y que tenía temor, quién me iba a decir que después iba a estar viajando sola por Estados Unidos y hasta llegué a ir a Alemania a una feria y después a Suiza de vacaciones a visitar a una amiga muy querida, en el mes de Noviembre del 2005.

Estuve viajando durante casi 7 años consecutivos, aunque algunos pueden llegar a pensar, que a esa edad es lo más normal viajar sola pero para mí representaba haber superado grandes desafíos y retos, ya que iba venciendo mis temores y cada día me sentía más segura de mi misma.

Mi trabajo en Estados Unidos era visitar escuelas y reclutar estudiantes para que fueran a estudiar a Cuernavaca, Morelos, México. Entonces iba como representante de la escuela de español para extranjeros y participábamos en las ferias de los colegios, por mencionar algunos, UofH (University of Houston), Texas A&M Univesity, llegué a ir UCLA, la cual está preciosa esa Universidad, CSULB (California State University Long Beach), Southwest University, la cual después cambio de nombre a TSU (Texas State University) en San Marcos, Texas, entre tantas otras que ahora no recuerdo sus nombres.

De cierta manera sentí que Dios me había cumplido uno de mis sueños, ya que yo soñaba con estudiar en una Universidad como esas, Dios me compensó ☺ no estudié en una, pero mi trabajo era estar en varias universidades como esas, la verdad me sentí y me siento muy agradecida.

Me encantaba mi trabajo, en la época de verano los norteamericanos iban a Cuernavaca y siempre me ha gustado conocer gente de diferentes culturas, también a veces recibíamos estudiantes de Francia, era muy divertido.

En ese trabajo conocí a muy buenos y queridos amigos con quienes hasta la fecha mantengo contacto, casi la mayoría de ellos los conocí en el trabajo.

Cabe mencionar que antes de irnos a Líbano hice muy buenos amigos durante la época de la escuela, tanto en la secundaria como en la Preparatoria, con algunos de ellos todavía mantengo contacto, aunque los veo poco, pero son de esos amigos que aunque uno deja de ver por años, aunque me cambie de país o a otro Estado de la República, cuando los ves es como si los hubieras visto ayer, siempre los llevo en mi mente y en mi corazón y agradezco a Dios por haberlos puesto en mi camino.

Más adelante hablaré acerca de lo difícil que es hacer amigos al comenzar en un nuevo lugar, yo creo que esa es la parte más dura de empezar de nuevo, además de la parte económica y el volver a adaptarte.

Retomando el tema de mi trabajo en la escuela de Español para Extranjeros, era nuevamente un trabajo EXTRAORDINARIO como el de la Embajada, pero ahora en lugar de ser en el sector Gobierno, era en el sector educativo, era mi SEGUNDO TRABAJO EXTRAORDINARIO, muchos amigos me decían: qué suerte tienes de viajar a tantos lugares y todo pagado y a mí que me encanta viajar pues estaba súper feliz.

Conocí a personas muy lindas, que aunque ya no tengo contacto con ellos, guardo un hermoso recuerdo de ellos en mi corazón, me siento afortunada de conocer 3 diferentes culturas, la de mi país, la de México y la de los norteamericanos, que en lo personal, siempre fueron amables conmigo, me ayudaron en mis viajes y gracias a Dios nunca tuve ningún problema en el aeropuerto, siempre me trataron bien.

El intercambio en Canadá

Un día mi jefa quería enviar a un grupo de estudiantes (pero ahora al revés de México hacia Canadá) para que aprendieran inglés por un mes y se quedaran con familias canadienses. Eran aproximadamente 10 adolescentes, entonces mi jefa le dijo a mi compañera y amiga, que ella se llevara al grupo, ya que habla muy bien el inglés y el francés.

Como yo conocí Canadá de chiquita (cuando salimos de Líbano hacia México y que pasamos a Canadá a dejar a mi primo con mi tío) la verdad quería volver a visitar Canadá, solo que esta vez en lugar de Toronto, el viaje iba a ser a Montreal y Quebec. Esto fue en el año 2008.

Entonces hablé con mi jefa y le dije que yo quería ir con mi compañera, que era mejor que 2 personas cuidaran de los niños que una sola persona ya que era mucha responsabilidad, además, el que fue mi primer jefe en Líbano (El Embajador) en ese año del 2008 era Cónsul de México en Montreal, así si teníamos algún problema podríamos recurrir con él y ¿qué crees?

¡Que me dijo que ¡¡¡sí!!!! Así que me puse en contacto con los Embajadores y les dije que íbamos a llevar a un grupo de estudiantes y que los quería visitar, tenía casi 7 u 8 años que nos los veía, desde su cambio de Líbano a Arabia Saudita.

También un muy buen amigo, quien trabajaba en la Embajada de México en Beirut, Líbano, como contador, se mudó con su esposa y su primer hijo a Canadá, así que también los contacté y les dije que los iba a visitar.

Mi amiga y yo tuvimos mucha suerte gracias a Dios, todo salió bien en ese viaje con los 10 adolescentes a nuestro cargo, teníamos la responsabilidad de estar con ellos la primera semana (al llegar a Canadá) contactarlos con sus familias canadienses y en la última semana ya para regresar a México.

En total eran 4 semanas de estancia, viajamos a mediados de septiembre y regresamos a México a mediados de Octubre, así fue como pude cumplir con mi trabajo y a la vez cumplir otro de mis sueños que era volver a ver a los Embajadores y a mi amigo que trabajaba en la Embajada y a su familia.

El reencuentro después de casi 8 años

Mi amiga y yo fuimos a ver a los Embajadores primero al Consulado de México en Montreal para decirles acerca de los adolescentes, por cualquier cosa que se pudiera ofrecer, nos invitaron a su casa y después a comer. ¡Fue muy emocionante para mí volver a verlos después de tantos años!

La verdad yo a ellos los quiero mucho, siempre nos trataron muy bien a mí y mi familia durante todo el tiempo que convivimos en Líbano. Lo que más admiro de ellos es su gran sencillez, para mí el Embajador era como un segundo padre, realmente quería a su gente (a la comunidad mexicana-libanesa) y su esposa también es una buena persona, siempre nos daban buenos consejos.

Hasta la fecha recuerdo un consejo del Embajador cuando me estaba entrevistando, cuando yo le dije que no sabía nada de ese trabajo y su respuesta fue:

Mira, Haifa, el trabajo no es difícil, las relaciones humanas sí.

Wow cuánta razón tiene, lo he comprobado a lo largo de los trabajos que he tenido en mi vida.

Aunque mi amiga no los conocía, le cayeron muy bien y sentí muy bonito cuando el Embajador le dijo que nunca había tenido una asistente como Haifa, siempre con buena disposición, responsable, honesta, muy eficiente, me sentí muy halagada por sus palabras.

Después nos despedimos de ellos y nos fuimos a casa de mi amigo y su esposa, ya tienen ahora 2 hijos, y nos recibieron y nos atendieron súper bien, nos hicieron sentir como en casa, como las buenas costumbres hospitalarias y generosas de la cultura libanesa. La verdad me sentí muy feliz de volver a verlos, muy agradecida por su cariño, por su generosidad al habernos dado hospedaje y su esposa me consintió mucho llevándome a todos lados, comprando comida árabe que hacía años que no probaba ya que aunque en México sí venden comida árabe, pero no hay tanta variedad como en Canadá.

Fue una experiencia maravillosa, me encantó volver a verlos y gracias a Dios todo salió bien con los adolescentes, quienes también estaban felices. Me encantó Montreal, es una ciudad muy bonita y Quebec, wow impresionante también. Gracias a todos ellos, fue una experiencia muy bonita.

Así continué viajando feliz a Estados Unidos, era casi principios del año 2010, no sabía lo que estaba a punto de vivir, uno de los momentos más duros de mi vida, y lo peor es que también lo había soñado, pero no creí que iba a suceder.

CAPÍTULO DIECISIETE

LA PARTIDA DE MI PADRE (Q.E.P.D.)

A principios del mes de enero del 2010 soñé que mi papá fallecía en ese año, en el mes de agosto y aunque no recuerdo bien el sueño, desperté muy angustiada pero luego pensé ¡uff! gracias a Dios solo fue eso una pesadilla y no le di importancia.

El 1°. de mayo del 2010 mi padre se empezó a sentir mal de salud, él padecía de arritmia y a veces decaía, ya había pasado antes, iba al médico y se volvía a poner bien.

Sin embargo, conforme iban pasando los días yo veía a mi papá un poco pálido, así que con trabajos le sacamos cita con el médico, ya que él se resistía, no quería ir y no hacía mucho caso.

Aquí en México, el 10 de mayo es la celebración del Día de las Madres, en Líbano es el 21 de marzo el Día de las Madres.

Quince días antes de su partida, mi sobrino (cuando tenía 12 años de edad) nos habló por teléfono angustiado diciendo que había soñado que mi papá le hablaba de un teléfono blanco para despedirse de él, pues aunque mi hermano vive en México, estaban a 12 horas de distancia de donde nosotros vivíamos, así que tratamos de calmarlo y le dijimos, no mira, según la superstición de algunos libaneses es que cuando sueñas que alguien se muere es porque va a tener larga vida, es decir, lo opuesto al sueño.

Mi sobrino se quedó más tranquilo, pero yo empecé a ver paisajes en mis sueños y veía a mi padre en ellos y aunque no sabía muy bien cómo interpretarlos, pero sentía muy feo, era como si tuviera un mal presentimiento, sin embargo, uno jamás quiere pensar en la muerte, siempre trata de huir de ese pensamiento.

Le sacamos la cita un lunes 10 de mayo del 2010 y no fue, no quiso ir, dijo mejor mañana, y yo le dije por favor papá tienes que ir, estoy muy preocupada, no me angusties y me dijo si ya mañana voy.

Esa noche fui a verlo, le di un beso y le empecé a rezar, estuve un buen rato con él, pero él ya casi se quedaba dormido. Y cuando le daba un beso me decía, *busik el afie ya baye* (en árabe). Más adelante explico que significa.

Al otro día, antes de irme a trabajar, me asomé a su recámara, estaba dormido, pero no lo quise despertar, solo me le quedé mirando unos momentos y observaba si seguía respirando y vi que sí y ya me fui a trabajar, pero sentía una angustia muy grande en mi pecho.

A las 9:30 a.m. del martes 11 de mayo del 2010 (al otro día del Día de las Madres) recibo una llamada en mi trabajo de mi mamá y estaba llorando y yo le digo, ¡Por qué lloras! ¿Qué pasó? Y ella solo me dijo, tu papá está muy mal, vente, Haifita, así que quedé en *shock* por unos momentos y empecé a caminar por la escuela con la mente ida y ya le dije a mi jefa y me salí. Todavía tenía que tomar una ruta para ir a la terminal, se hacía 20 minutos y luego el autobús el cual se hacía otros 45 minutos y yo iba toda desesperada y diciéndole al de la ruta si no podía ir más rápido casi me quería pelear con todo mundo.

Mientras iba en el autobús recibo la llamada de mi hermano y yo sin saber, él ya sabía y me estaba preparando, me dijo es que ya casi no se siente el pulso de mi papá y yo comencé a llorar en el autobús y se me hizo súper eterno el camino.

Finalmente llegué a la casa, mi mamá estaba llorando, y había un señor y yo entré toda asustada, enojada y le decía: ¿Por qué lloras? ¿Quién es ese señor? Y le gritaba: ¿En dónde está mi papá? Lo fui a buscar a una sala pequeña que había más adentro de la casa, donde siempre le gustaba estar y no lo vi. Y le vuelvo a preguntar a mi madre, entre llorando, enojada y asustada: ¿En dónde está mi papá y quién es ese señor?

Mi pobre madre llorando me dice, Haifita, tu papá murió y él es el doctor que vino a checar y va a hacer el acta de defunción. Y yo empecé a gritar: ¡NO,NO,NO! ¡No es cierto! Dime dónde está y me dijo, allá arriba en mi cama.

Así que subí corriendo la escalera y lo vi ahí en la cama de mi mamá, parecía dormido y le abrí los ojos, pero ya no estaba ahí, su alma se había ido, yo lloré y lloré y lloré, en eso me habló mi hermana y me escuchó llorando y me dijo qué pasó, y ya le tuve que decir y ella también empezó a llorar. Ella también se salió de su trabajo y ya venía en camino, en eso empezó a llegar la familia de mi mamá, el primero que llegó fue mi tío Pey (hermano de mi mamá),quien nos apoyó en los momentos más difíciles y él se encargó de todos los trámites, mi hermano tomó el primer avión (se hacía una hora y media) se vino junto con su familia y también vino mi primo, el que dejamos en Canadá (cuando salimos todos juntos por primera vez de Líbano hacia México).

Estoy escribiendo esto con lágrimas en los ojos, uno puede superar una guerra, el volver a empezar una y otra vez de cero, pero una de las cosas más duras que me ha tocado vivir ha sido la muerte de mi padre.

Como decimos aquí en México, todavía no me caía el 20, hasta que una prima me dijo, Haifita, tenemos que mover la sala y poner sillas, y yo todavía le pregunto: ¿Para qué? Y es ahí cuando me empieza a caer apenas el 20, era para poner las sillas para las personas que nos iban a dar el pésame.

Yo no tenía ánimos de ver a nadie, aunque sí recibí a la gente, pero ante cualquier comentario me volvía ante ellos y les contestaba de mala manera, ERA EL CUERPO DEL DOLOR el que estaba reaccionando en mí.

En mi trabajo mi jefa se portó muy bien conmigo y me permitió ausentarme 2 semanas cuando por ley son 3 días solamente, y cuando regresé, en las mañanas antes de llegar al trabajo lloraba y lloraba, estaba inconsolable, para mí fue muy difícil no haber podido despedirme de él, se murió de un infarto y aunque se veía enfermito, pero como otras veces se veía así, nadie se lo esperaba, ni siquiera porque lo había soñado.

En trabajo, mi jefa les dijo, por favor quiero que entiendan que Haifa está pasando por momentos difíciles, y un día un compañero no sé qué me dijo y le contesté mal, él me hizo una broma de mal gusto y yo le respondí mal, pero ERA EL CUERPO DE DOLOR, EL DOLOR DEL ALMA, EL DE LA TRISTEZA que estaba reaccionando por mí. Después me disculpé con él.

Cada quien vive el duelo de distinta manera, primero es negación, después enojo y después llega la resignación, la aceptación, a partir de ahí ya nada volvió a ser igual.

A pesar de que yo ya había terminado mi carrera en Licenciatura en Administración, a finales del 2009, mi jefa me preguntó si quería hacer una Especialidad en la Enseñanza del Español en Educación Básica, que estaban ofreciendo al personal de la escuela, tenía una duración de un año y medio.

Me entusiasmó la idea y acepté, hice buenas amigas ahí también y fue gracias a que estaba estudiando esa Especialidad, fue una manera de refugiarme en el estudio y mantener mi mente ocupada y así poco a poco fui superando la súbita muerte de mi querido padre, fue como mi terapia, aunque el vacío que deja la partida de un ser querido, nada ni nadie lo llena.

A raíz de la muerte de mi padre, mi hermano nos dijo que por qué no nos íbamos a vivir donde él, nos dijo que él no quería que pasara (Dios no lo quiera) eso con mi mamá, para todos fue muy dura la muerte de mi padre, pero yo creo que para él más, nosotras lo veíamos diario a mi papá y mi hermano por la distancia no tanto, pero diario hablaban por teléfono.

Mi hermano quería que estuviéramos cerca de él y él de nosotras y de mi madre, la casa donde vivíamos en Morelos se sentía vacía y en todas partes estaba el recuerdo de mi padre. Aun así, la decisión de mudarnos no fue inmediata, sino hasta casi un año y medio después.

Mientras tanto yo continué en mi trabajo y mi hermana en el suyo, mi jefa quería que siguiera viajando, pero yo ya no quería, no quería dejar a mi mamá y a mi hermana solas, así que sí llegué a viajar una vez más a Estados Unidos, pero ya no era con el mismo entusiasmo, más bien me quedaba preocupada.

Después en el 2009 empezó la inseguridad en Morelos y se escuchaban cosas horribles, como secuestros, asaltos y muchas otras cosas, en mi trabajo ya no me sentía agusto, debido a la inseguridad y cada vez venían menos estudiantes y el trabajo estaba flojo, así que mi mamá, mi hermana y yo estuvimos platicando y decidimos que

SÍ nos queremos mudar a donde vive mi hermano para estar cerca de él y de mis sobrinos y así, una vez más, comenzar una nueva vida.

Nos esperamos a que yo terminara mi Especialidad en la Enseñanza del Español, la cual a pesar de mi dolor y tristeza por la muerte de mi padre, terminé la Especialidad con Mención Honorífica, gracias a Dios.

Iba a llegar el día de mi cumpleaños y el de mi madre el 27 de marzo del 2010, iba a ser mi primer cumpleaños sin mi padre, pero una vez más mi querido hermano, nos dio todo su apoyo, nos llegó de sorpresa, viajó de Coahuila a Morelos para estar presente en nuestro cumpleaños y para que no estuviéramos tristes en nuestro primer cumpleaños sin mi papá.

Después renuncié a mi trabajo y mi jefa me hizo una despedida, me quería hacer una fiesta en grande, pero la verdad son muy tristes las despedidas para mí, así que fue algo en pequeño, pero le agradezco mucho su gesto.

Sobre mi padre Wahib

Amé profundamente a mi padre, a pesar de que algunas personas me incomodaban con sus preguntas acerca de que si mi papá me dejaba hacer esto o lo otro, que si me daba o no permiso para esto o para lo otro, a pesar de lo incómodas que eran esas preguntas, yo siempre amé a mi papá, ya que yo sabía que él nos amaba profundamente, y que debido a la guerra, mi padre (Q.E.P.D.) nos sobreprotegía (cualquier padre hubiera hecho lo mismo, cuando ve a sus hijos en peligro, su reacción es querer proteger a sus hijos).

Además, mi padre era de una cultura con costumbres y creencias muy diferentes a las de México, no digo que unas sean mejores que otras, simplemente cada quien cree que tiene la razón desde su punto de vista.

Siempre supe cuánto nos amaba mi padre y tengo presente sus palabras que me decía en árabe:

¡Lau btaaerfe adde bhebik ya baye!

Traducción:¡Si supieras cuánto te quiero hija mía!

Otra de las frases que me decía mucho mi papá <u>en</u> árabe era:

¡Ente galie alaye!

Traducción: ¡Tú eres muy valiosa para mí!

Aunque él ya no está físicamente conmigo, sus palabras las llevo grabadas en mi mente y en mi corazón.

Mis más grandes amores

Siempre he amado profundamente a mis padres y les estaré eternamente agradecida, primero por haberme dado la vida y segundo por todo lo que me dieron y me enseñaron, por su sencillez (que es lo que más me gusta de ellos) y valoro mucho todos los sacrificios que tuvieron que hacer ambos, para dar a sus hijos, lo mejor que podían.

Tanto a mi padre como a mi madre, cuando fallecieron sus papás, no pudieron estar con ellos, es decir, cuando murieron mis abuelitos paternos (de Líbano) mi papá se encontraba en México y cuando fallecieron mis abuelitos maternos (de México) mi mamá se encontraba en Líbano.

Viví casi 9 años en la ciudad de Cuernavaca, Morelos, viajaba diariamente a mi trabajo desde la provincia donde vivía, me hacía una hora y media de ida y otra hora y media de regreso, me pasaba 3 horas diarias de mi día a día en la carretera.

A pesar de eso y de que de mi jefa, amablemente me ofreció quedarme GRATIS en una de las suites que tenían en la escuela (como dormitorios para los estudiantes que no querían estar con familias sino algo más privado) yo le agradecí, pero no acepté, porque yo prefería ver diariamente a mis padres que tener la comodidad de no viajar a diario.

Sin embargo, cuando era temporada alta, sí me llegué a quedar en Cuernavaca por unas semanas y me gustaba salir con los estudiantes a cenar o a bailar, para eso me quedaba en Cuernavaca ya que ya no había autobús hacia la provincia después de la noche o 9:30 p.m. como máximo. Hice buenas amistades gracias a esas convivencias.

En otra ocasión sí tuve que rentar con una de las familias porque estaban arreglando la carretera y en lugar de una hora y media se hacía el autobús hasta dos horas, ya era muy pesado estar viajando diariamente así hasta mi trabajo.

Gracias a eso conocí a otra buena amiga, quien recibía estudiantes de la escuela donde yo trabajaba y lo bueno que tenía otra recámara para mi sola, siempre me trató como una hija, nos hicimos muy buenas amigas, ella es una gran persona.

Retomando el tema de mis padres, mi papá aprendió a hablar español y mi mamá aprendió a hablar árabe, ambos de forma empírica. Era muy gracioso escucharlos hablar, a veces se equivocaban o nos apantallaban, es decir, nos sorprendían, por ejemplo, un día mi papá no sé que estaba hablando y nos dice, es que no hay otra ALTERNATIVA y nos sorprendió mucho porque era una palabra difícil, tal vez era más fácil decir, otra OPCIÓN.

O por ejemplo, algunas veces, a mis hermanos y a mí se nos llegaba a olvidar una palabra en árabe, de repente mi mamá nos sorprendía con alguna palabra o expresión en árabe, que la verdad nosotros ya no nos acordábamos lo que quería decir.

Una de las cosas que me gusta de allá de Líbano es la forma de hablar tan cálida que tienen los libaneses, muchas expresiones bonitas, después de comer, después de bañarte, después de un viaje, etc.

Por ejemplo, cuando yo le daba un beso a mi papá antes de irme a dormir él me decía en árabe:

¡Busik el afie!

Traducción: A veces no se puede traducir literal porque no va a tener mucho sentido, pero lo que quiere decir es algo así como, que Dios te regrese los besos en salud.

CAPÍTULO DIECIOCHO

VIAJE A COAHUILA (VOLVER A COMENZAR UNA VEZ MÁS POR 4ª OCASIÓN)

Llegamos a Coahuila un 17 de octubre del 2011, al día siguiente de cuando era el aniversario de mis padres, es decir, un 16 de octubre. Nos fueron a recibir al aeropuerto mi hermano y su familia, una vez más mi hermano nos recibió en su casa, como lo que es, un verdadero hermano.

La primera vez fue cuando mi hermana y yo salimos de Líbano solas en enero del 2002, cuando él apenas tenía 8 ocho meses de haber llegado a México con una responsabilidad muy grande, la de su esposa e hijo y luego llegamos nosotras, sus hermanas y ahora en octubre del 2011, nuevamente nos recibe en su casa, a mi madre, a mi hermana y a mí. Siempre le estaré agradecida por su generosidad, por su gran apoyo, como un segundo padre, lo quiero muchísimo. Que Dios lo bendiga siempre.

Lo que implica cambiar tantas veces de lugar de residencia

Son varias cosas a las que uno se tiene que enfrentar cada vez que empieza de nuevo en un nuevo lugar, algunas de esas cosas son:

1. La parte económica

Es volver a buscar trabajo, volver a tener ingresos y a buscar la estabilidad económica y el tiempo que transcurre para conseguirlo, mientras tanto los gastos continúan. Si no es por el gran apoyo de mi hermano, quien además nos dio trabajo en lo que conseguíamos mi hermana y yo uno, y si no es por mi mamá, nos, hubiera sido aún más difícil, porque llega un momento en que transcurre el tiempo y tus ahorros se acaban.

2. Integrarse a la Sociedad

No es lo mismo cuando es uno chico y entra a la escuela, ahí hace uno amigos y se va incorporando poco a poco a la sociedad. Es duro llegar nuevo a un lugar y no tener amigos, aunque gracias a Dios tengo muy buenos amigos a quienes quiero mucho, pero viven en diferentes lugares, están lejos físicamente, pero cuando los veo es como si los hubiera visto ayer.

3. La soledad

Cuando estás acostumbrada a salir con tus amigos y de repente por más que lo intentas, llega un momento en que no depende de ti, pues hay muchos factores, algunos amigos de los nuevos que llegas a conocer en el trabajo ya están casados y tienen su ocupaciones, otros aunque están solteros pero sus trabajos los absorben y no hay tiempo.

No es lo mismo como cuando es uno pequeño, a veces te encuentras con personas que solo quieren sacar alguna ventaja, y llega un momento en que uno decide que tampoco va a estar mendigando atención, o se da la amistad de forma genuina o no se da.

Siempre he buscado la calidad y no la cantidad, así que me refugié en los libros y **SIN ELLOS SABERLO,** LOS SIGUIENTES AUTORES SE CONVIRTIERON EN MIS MEJORES AMIGOS: Robin Sharma, Deepak Chopra y ahora Lain García Calvo (mi mentor) a quien admiro, respeto y quiero por su sencillez e inteligencia.

4. **Pérdida del entusiasmo, volver a encontrarle sentido a la vida.**

   Llega un momento, en que todo esto genera mucho desgaste emocional, una y otra vez y tantas veces que ya no quiere uno volver a pasar por lo mismo. Entonces el cansancio, de ya no querer pasar por el mismo desgaste emocional, que implica volver a empezar, muchas veces te frena para decidirte a cambiar, a dar ese nuevo paso para llegar a ser una nueva y mejor versión de ti mismo.

Mi Reflexión:

A PESAR DE TODO LO QUE IMPLICA UN CAMBIO, SIEMPRE VALE LA ALEGRÍA VOLVER A INTENTARLO, VOLVER A EMPEZAR, LAS VECES QUE SEAN NECESARIAS, HAY QUE SEGUIR ADELANTE. A pesar del cansancio y del miedo que puedas tener, no permitas que te detenga la aparente seguridad (zona de confort) ya que te empiezas a estancar, sientes que no avanzas, que no estás progresando y corres el riesgo de caer en el conformismo y de no sentirte feliz.

Creo que es importante a veces detenerse un momento a pensar, en cómo nos sentimos, no dejarse llevar por el día a día, por la rutina o por la rapidez en que pasan los días, es necesario de vez en cuando, hacer una pausa y analizar si realmente eres feliz, si realmente estás progresando o si solo te estas conformando.

Nos merecemos ser felices, por eso creo que debemos buscar crecer y ser una mejor versión de uno mismo, por eso, no hace falta competir con nadie, sino simplemente ser una mejor persona de la que fuiste ayer y pensar que todo lo que pasó fue por alguna razón, todo tiene un aprendizaje oculto, solo hay que saber cómo descubrirlo, cómo interpretarlo y aprender a mirar más allá de lo físico, a ver con ojos de la fe, con los ojos del alma.

La cuestión es saber cuándo es el momento adecuado, yo creo que eso te lo dice tu corazón, la forma en cómo te estas sintiendo, por eso insisto en que a veces es importante prestar atención a lo que sentimos, no para sentirnos peor, sino para saber qué es lo que nos está pasando y porqué, tal vez necesitas hacer un cambio en tu vida con el simple objetivo de ser feliz.

Es volver a encontrar valor, no sé de dónde, a ser valiente y cuando dices NO PUEDO MÁS, hay que hacer una pausa y pensar que ES EN LA LUCHA CUANDO MÁS TIENES QUE LUCHAR, NO ABANDONAR, a veces lo más difícil es tener esa CLARIDAD sobre qué y el cómo hacer aquello que te lleve a lo que estás buscando, tu felicidad, tu paz interior, tu serenidad y estabilidad emocional.

Yo creo que lo más difícil es tomar la decisión, pero una vez que nos decidimos a actuar, las cosas se van acomodando solitas y te mantienes alerta a seguir el camino que Dios está trazando para ti, sin forzar nada, sino fluir con la vida. Aquí es donde aplica la siguiente frase:

"Haz tu parte y deja que Dios o al Universo hagan el resto"

También la he escuchado en inglés:

Do your best and then let life do the rest

Como un tema aparte, antes de continuar con otro punto acerca de lo que implican tantos cambios de residencia, quiero compartir contigo mi experiencia acerca del viaje más importante que he hecho hasta el momento y no se trata de los viajes de placer.

¿Me acompañas al siguiente capítulo?

CAPÍTULO DIECINUEVE

VIAJE HACIA TU INTERIOR

¿Alguna vez te has preguntado por qué toleré tanto tiempo una situación y no actué antes?

A veces hasta te sientes mal contigo mismo porque dices: ¿Acaso no me amé o me valoré lo suficiente?

También me cuestionaba ¿Por qué a pesar de que he cumplido otros sueños, a pesar de haber viajado a lugares padrísimos, hay veces que llego a sentir un vacío interior?

En lo personal, las respuestas que yo encontré a estas preguntas son las siguientes:

1. **En cuanto al Tiempo:** Eso sucede hasta que llega el momento de: EL DESPERTAR DE LA CONCIENCIA, cada ser humano va madurando de distinta manera y en diferentes momentos de su vida, no tiene nada que ver la edad.

2. **En cuanto al vacío interior:** Solamente se llena buscando a Dios, aprendiendo a cómo tener FE, las cosas del exterior jamás te van a llenar ese vacío, eso lo aprendí a través de los libros de desarrollo personal, que hablan de espiritualidad y uno de mis libros favoritos es el de FE, de Lain García Calvo, lo he leído 2 veces y cada vez que lo leo, no sé, pero algo nuevo, algo mágico llega a mi vida.

3. **En cuanto a los errores:** No hay fracasos ni errores, las cosas pasaron como tenían que pasar, todo es aprendizaje y uno nunca termina de aprender, hasta el último día de nuestras vidas.

Por eso, uno NO debe ser muy duro consigo mismo, todo es parte de nuestro propio desarrollo y aprendizaje.

A continuación te comparto algunas frases y enlaces que tienen que ver con esto que acabo de mencionar:

En cuanto al tiempo

"Sucede en el despertar de la conciencia, todo conocimiento y época han respondido a un estado de conciencia, por tanto nada que objetar, pero hoy hemos de mirar al momento que vivimos."

ANÓNIMO

En cuanto al vacío interior

Una voz en mi interior, siempre me decía, que todo en esta vida es cuestión de: TIEMPO, FE Y PACIENCIA.

"Ten paciencia, no te rindas, Dios usa las dificultades de hoy para fortalecerte mañana."

ANÓNIMO

En cuanto a los errores

a) **Video de Sean Buranahiran:** Metáfora de cuando se rompe un jarrón en Japón.

(Kintsugi, cicatrices de oro) https://www.youtube.com/watch?v=W3cZVxdY9G0

b) Las 4 Leyes de la Espiritualidad:

1. La persona que llega es la persona correcta

2. Lo que sucede es la única cosa que podía haber sucedido

3. En cualquier momento que comience es el momento correcto

4. Cuando algo termina, termina

Retomando el tema de lo implica tener tantos cambios en tu vida.

Encontrar un trabajo y el tiempo que toma encontrar uno bueno. A mí en lo personal no me gusta estar sin hacer nada, me aburro, me gusta ser productiva, útil y lo que más me ha pesado es el tiempo de espera para conseguir un trabajo.

EN MI PRIMER TRABAJO, que fue en la Embajada de México en Beirut, Líbano, la verdad me cayó del cielo, yo no lo busqué, solito llegó a mí y gracias a Dios supe aprovechar el momento de la verdad, es decir, de saber cuándo aprovechar las buenas oportunidades que te da Dios y la vida y ese PRIMER TRABAJO SI FUE UN TRABAJO EXTRAORDINARIO.

EN MI SEGUNDO TRABAJO, que fue en la Escuela de Español para Extranjeros en Cuernavaca, Morelos, MÉXICO, tardé 10 meses en encontrarlo y aunque al principio parecía un trabajo de simplemente dar clases de conversación de español, después dio un giro de 360 grados, ya que empecé a viajar por varias partes de Estados Unidos y me ayudó mucho en mi crecimiento personal, MI SEGUNDO TRABAJO TAMBIÉN FUE UN TRABAJO EXTRAORDINARIO.

Una persona me dijo una vez, que no esperara a tener un tercer trabajo extraordinario. Yo le contesté: ¿Y por qué no?

Pensé, quién se cree esa persona para decirme que debo o no debo tener.

"Yo no soy lo que ellos dijeron… Yo soy lo que LA VOZ DE MI ALMA dijo que era"

LAIN GARCÍA CALVO

HAIFA GHAWI

Pensé, quién se cree esa persona para decirme que debo o no debo tener.

"Yo no soy lo que ellos dijeron… Yo soy lo que LA VOZ DE MI ALMA dijo que era"

CAPÍTULO VEINTE

MI 3ER TRABAJO EXTRAORDINARIO (OTRA BENDICIÓN)

Un día le dije a mi hermano que le agradecía mucho su ayuda y su generosidad al haberme ofrecido trabajar con él, en lo que yo encontraba uno. Le dije que ya me iba a dedicar de lleno a buscar un trabajo.

Sin exagerar busqué 100 trabajos, los anoté en un cuaderno y nuevamente me tuve que enfrentar al tiempo de espera, a la impaciencia, a la incertidumbre y así pasaba y pasaba el tiempo que se me hacía eterno, a veces me desesperaba, me sentía frustrada, además me aburría, aunque mi mamá me traía súper activa en el sentido de ve por esto o ve por lo otro, la verdad se lo agradezco enormemente, tuve el mejor entrenamiento con ella.

Mi mamá siempre nos ha aconsejado que debemos tener PACIENCIA, su palabra favorita, aunque a nosotros no nos gustaba mucho, para todo nos decía, es que deben tener paciencia y cuando pasa el tiempo se da uno cuenta que tiene toda la razón.

Por fin después de casi 8 ocho meses, encontré trabajo y como siempre, Dios siempre supera mis expectativas, era otro TRABAJO EXTRAORDINARIO.

Este trabajo lo encontré por Internet, en el sector salud y resultó ser una empresa muy importante a nivel nacional, yo no tenía ni idea de lo importante que es esa empresa.

Apliqué para ese trabajo junto con otras 3 personas. Dos días antes de mi cumpleaños, recibí una llamada para una entrevista así que fui y el mismo día de mi cumpleaños (el 27 de marzo) yo estaba aplicando para el examen, a los quince días me contrataron.

Mucha gente me preguntó cómo había conseguido ese trabajo y mi respuesta fue, con la ayuda de Dios y yo sola por el Internet, algunos no me creyeron, pero fueron la perseverancia y la PACIENCIA que tuve hasta lograr lo que quería y no conformarme con menos.

Mi Reflexión:

Me identifico mucho con esta frase:

*"Solía odiar ser sensible, Pensaba que me hacía débil
Pero quítame eso y me quitarás la verdadera esencia
de mi ser. Me quitarías mi consciencia, Mi habilidad
para empatizar, mi intuición, mi creatividad, mi profunda
apreciación por las pequeñas cosas, mi vívida vida interna,
mi compasión por el dolor ajeno, y mi pasión por todo."*

Mis aprendizajes

Aprendí a tomar lo bueno de cada cultura (de la Libanesa y de la Mexicana) y a dejar de lado lo que no me gustaba.

Una cosa que siempre admiré de mis paisanos libaneses, es que nunca se dan por vencidos.

Por ejemplo, en la guerra (como mencioné anteriormente) cuando había un bombardeo, los vidrios de las puertas o ventanas se quebraban, me llamaba mucho la atención ver que al otro día volvían a poner un vidrio nuevo, entonces yo pensaba, pero ¿por qué ponen un vidrio nuevo si se va a volver a caer? Porque no mejor lo tapaban con cartón o plástico, pero el mensaje era el siguiente:

No importa cuántas veces nos tumben, nos vamos a volver a levantar, es decir, nunca se daban por vencidos.

También me gustan algunas de las costumbres libanesas, por ejemplo, la hospitalidad, la generosidad, la comida, la música, el baile del vientre, etc., pero ahora viene la contra parte, que aunque era considerada como una costumbre de buena educación, como la amabilidad, el pensar primero en la gente que en uno mismo, eso a la larga no fue bueno para mí, ya que me quedé mal acostumbrada inconscientemente a poner primero a los demás antes que a mí misma, por ser amable por mis costumbres, hasta que llega un día y te das cuenta:

"Se murió una plantita de tanto que le daba agua,
y entendí que dar de más, aunque sea algo bueno,
no siempre es lo adecuado."

ANÓNIMO

Me costó mucho trabajo ir transformando esas creencias, ya que era parte de mi educación, de mi formación, pero no fue hasta que empecé a pensar en mi primero (sin ser egoísta y sin dañar a nadie) hasta que empecé a ser más libre y más feliz.

Más adelante hablaré de esto….

Ante los desafíos

Después de haber vivido varios desafíos en mi vida, como fueron: **La Guerra Civil en Líbano, el Asalto e Intento de**

secuestro de mi padre en México y tantos **Cambios de residencia**, así como **la Muerte de mi padre,** lo que queda es aprender a seguir adelante, a tener una actitud positiva ante las adversidades, a no rendirse y sobre todo, a no perder la Fe, el entusiasmo por la vida y a no perder tu esencia.

Metáfora de la zanahoria, el huevo y el café.

¿Eres una zanahoria, un huevo o un grano de café?

"Una joven fue a ver a su madre. Le contó sobre los momentos que estaba viviendo y lo difícil que le resultaba salir adelante. No sabía cómo iba a hacer para seguir luchando y que estaba a punto de darse por vencida y abandonar todo. Ya estaba cansada de luchar y empeñarse por vencer los obstáculos. Tenía la impresión de que tan pronto lograba encontrarle la solución a un problema, inmediatamente surgía otro".

"Su madre le pidió que la acompañara a la cocina. Llenó tres ollas con agua. En la primera colocó zanahorias, en la segunda huevos y, en la última, colocó granos de café molidos. Sin decir una palabra esperó que el agua de las ollas empezara a hervir. Unos veinte minutos más tarde apagó las hornallas".

"Retiró las zanahorias y las colocó en un recipiente. Hizo lo mismo con los huevos. Luego, con un cucharón, retiró el café y también lo puso en otro recipiente. Dirigiéndose a su hija, le preguntó: "Ahora dime lo que ves".

"Veo zanahorias, huevos y café", fue la respuesta de la hija. La madre le pidió que se acercara y tocara las zanahorias. Estaban blandas. Después le pidió que tomara un huevo y lo pelara. Una vez retirada la cáscara, pudo observar que el huevo se había endurecido. Finalmente, le pidió que tomara un trago del café. La hija sonrió al oler el rico aroma que desprendía la infusión.

"Entonces la hija preguntó: "¿A qué viene todo esto, mamá?" La madre le explicó que cada uno de esos objetos había tenido que enfrentar la misma adversidad -el agua hirviendo- pero cada uno había reaccionado de una manera diferente.

LA ZANAHORIA era dura, resistente en el momento de haber sido colocada en el agua. Sin embargo, al ser sometida al agua hirviendo, quedó blanda y débil.

La frágil cáscara exterior había protegido al líquido del interior del **HUEVO.** Pero, una vez hervido, el interior se endureció.

Sin embargo, **LOS GRANOS DE CAFÉ** molidos eran singulares. Una vez colocados en el agua hirviendo, fue el agua la que cambió"

"¿Con cuál de estos elementos te puedes identificar?" le preguntó a la hija. ¿Cómo le respondes a la adversidad cuando ésta golpea a tu puerta?

¿Eres una zanahoria, un huevo o un grano de café? Piensa en esto:

¿Qué soy? ¿Soy la zanahoria que parece ser fuerte pero, con el dolor y la adversidad me marchito y pierdo mi fuerza?

¿Soy el huevo que al principio tiene un corazón blando, pero cambia con el calor? ¿Es que tuve un espíritu fluido pero, después de una muerte, una separación, un problema económico o alguna otra situación difícil, me he vuelto dura y rígida?¿Será que el aspecto de mi cáscara no cambió pero, por dentro, me he convertido en una persona amargada y difícil, con un espíritu rígido y un corazón endurecido?

¿O es que soy como los granos de café? De hecho, el grano hace cambiar al agua caliente, precisamente a la circunstancia que le produce dolor. Cuando el agua se calienta, el grano libera la fragancia y el sabor.

Si tú eres como el grano de café entonces, cuando las cosas han llegado a su peor momento, tú empiezas a mejorar y a cambiar la situación creada alrededor tuyo.

¿Te puedes elevar a otro nivel en los momentos más sombríos y al enfrentar enormes desafíos?

¿Cómo enfrentas la adversidad? ¿Eres una zanahoria, un huevo o un grano de café?

Fuente:

https://es.chabad.org/library/article_cdo/aid/541574/jewish/Eres-una-Zanahoria-Un-Huevo-o-Un-Grano-de-Caf.htm

"La Actitud lo es todo en la vida. Es un 10% lo que te pasa Y un 90% cómo reacciones."

CHARLES R. SWINDOLL

A quien más admiro

Este capítulo se lo dedico a mi amada madre, ya que ella para mi es un gran ejemplo a seguir, por ser una **MUJER DE MUCHA FE,** una **MUJER VALIENTE** que sin saber absolutamente nada de la cultura libanesa, ella se dejó llevar por lo que le dictaba su corazón, confió en Dios, en la vida, en el amor, en mi padre, no se dejó influenciar por el miedo a lo desconocido.

Por su **FACILIDAD DE ADAPTARSE** a los cambios y tantas veces, ella nunca se ha quejado, es una **MUJER FUERTE,** superó una guerra y el desafío de vivir en una cultura totalmente desconocida para ella.

Mi mamá se ganó el cariño de toda la familia de mi papá y de los vecinos, la ponían de ejemplo, ya que siendo extranjera y de otra religión se adaptó a las circunstancias y a las costumbres, llevó una buena relación con sus suegros y sus cuñados, todos la querían.

Nunca fue sumisa, sino más bien una **MUJER INTELIGENTE** y gracias a ella, tuvimos la oportunidad de conocer a un hermoso país que es México, con quien siempre estaré agradecida, con la familia, con su gente por habernos recibido con los brazos abiertos y por todos mis queridos amigos de son de aquí de México.

Mi madre enfrentó la muerte de mi padre después de 39 años de casados, salió nuevamente adelante con cambio de residencia por cuarta ocasión.

Más adelante enfrentó una enfermedad con valentía con mucha FE y gracias a Dios todo salió bien. Por eso y mucho más, amo a mi madre, es una mujer maravillosa, una madre amorosa, bondadosa y generosa. Además de que tenemos una conexión muy especial porque somos del mismo día, nací el mismo día que ella, yo nací un de 27 de marzo de 1974 y mi mamá nació el 27 de marzo de 1947, los años al revés. Le pido a Dios que la conserve con muchos años de vida y mucha salud.

Cuando miras para atrás y todo empieza a tener sentido

El siguiente artículo es precisamente acerca de esto:

Artículo: ¡Mira hacia atrás con orgullo y con ilusión hacia delante! —por Luis Galindo Oct 23, 2013

Me gustaría hablar de **orgullo e ilusión**. Orgullo por lo que has conseguido hasta ahora e **ilusión por lo que está por venir.** ¡Sí! Con este post quiero animarte a no perder ni un minuto en lamentarte por lo que podías haber hecho y, en su lugar, dedicar ese tiempo a buscar fórmulas que te lleven a conseguir eso que tanto anhelas, que tanto deseas…

En primer lugar, te invito a cambiar el discurso derrotista que parece que se ha adueñado de una gran mayoría de personas en los últimos años por este otro: **"He hecho muchas cosas hasta ahora y las he hecho lo mejor que he podido"**.

¿A qué no es tan difícil? ¡Seguro que si echas la vista atrás recuerdas logros importantes en tu vida! Te pondré algunos ejemplos: ese trabajo que provocó la felicitación de tus superiores, esa ponencia que levantó el aplauso entre los asistentes, ver a tus hijos empezar una carrera universitaria, ver a tu familia unida…

A partir de ahí, **es importante que cada día te marques tus propios objetivos, ya sean personales o profesionales.** ¡No importa! Lo que importa es que son tus objetivos, tus metas…

Y al acabar el día, cuando te vayas a dormir y compruebes su grado de cumplimiento te ayudarán a tener la sensación de que has conseguido cosas que te habías propuesto, de que tu día ha valido la pena… ¡Y sentirás el éxito! El placer por lo conseguido, por lo logrado con tu esfuerzo del día.

Te embargará esa sensación de éxito íntima y personal que tanto nos gratifica y que nos da tanta felicidad. Porque el éxito es un sentimiento privado. Es lo que tú sientes y no lo que te dicen los demás. Y sentirás orgullo al mirar hacia atrás tu día, al tiempo que te cargarás de ilusión y optimismo para seguir adelante y cumplir con los objetivos pendientes.

¡Y eso es importante, una gran ayuda para poner el corazón en todo lo que te propongas hacer! Porque, como me gusta recordar, **"cuando sales a dejarte la piel, seguro que destacas"**. ¡Adelante!

Fuente: http://www.luisgalindo.com/mira-hacia-atras-con-orgullo-y-con-ilusion-hacia-delante/

CAPÍTULO VEINTIUNO

EL CRECIMIENTO EN CADA CAMBIO

1ª Ocasión: De Líbano a México el 03 de julio de 1984

Cuando nos venimos por primera vez de Líbano a vivir a México nuestro crecimiento fue en dos aspectos principales:

En LA **SEGURIDAD EN NUESTRAS VIDAS,** ya que gracias a Dios sobrevivimos a una guerra y tuvimos la opción de elegir otro camino, que en este caso fue México, quien, repito, nos recibió con los brazos abiertos y nos protegió de seguir viviendo en medio del miedo de una guerra.

APRENDER UN NUEVO IDIOMA, EL ESPAÑOL, a pesar de que lo entendíamos desde pequeños, porque mi mamá nos hablaba en español, pero solamente lo comprendíamos, no sabíamos hablarlo ni escribirlo y a mi mamá le contestábamos en árabe.

2ª Ocasión: De México hacia Líbano en noviembre de 1995

MI TRABAJO EN LA EMBAJADA DE MÉXICO en Beirut, Líbano. A pesar de que al llegar a Líbano y darme cuenta que ya no podía continuar mis estudios y que en ese momento para mí era como si retrocediera, la verdad es que Dios es muy sabio y él sabe lo que hace.

La vida te compensa y el hecho de haber tenido la oportunidad de trabajar en la Embajada como asistente del Embajador me ayudó A MADURAR, A EMPEZAR A GANAR MI PROPIO DINERO, A EMPEZAR A SER UN POCO MÁS INDEPENDIENTE, FUI ADQUIRIENDO MÁS SEGURIDAD EN MÍ MISMA.

Asimismo, si no aportaba dinero a la casa por lo menos no pedía, yo empezaba a gastar en lo que quería desde comprar cosas y tuve LA SATISFACCIÓN DE PODER REGALARLES UN VIAJE A MIS PADRES Y A MI HERMANA A GRECIA, después de 1 año de haber empezado a trabajar por primera vez en mi vida.

3ª Ocasión: De Líbano hacia México en enero del 2002

Cumplí con uno de mis sueños y objetivo que era TERMINAR UNA CARRERA, sin embargo, no solamente fue una carrera, sino que más adelante también estudié una Especialidad en la Enseñanza del Español en Educación Básica, ya que siempre me ha gustado estudiar.

Me sirvió mucho el entrar a trabajar en la Escuela de Español para Extranjeros, ya que me dio la gran oportunidad de viajar y conocer muchos nuevos lugares (viaje todo pagado), pero aquí lo más importante para mí fue, que nunca antes había viajado sola sino con mi familia y después solamente con mi hermana, crecí en el aspecto de que FUI ADQUIRIENDO MAYOR SEGURIDAD EN MÍ MISMA Y MÁS CONFIANZA, VENCIENDO MIS TEMORES, llegué a viajar sola por varios lugares a Estados Unidos, llegué a ir a Alemania y a Suiza, para mí eso era un gran logro, ya que yo no me comparo con los demás, sino conmigo misma y de cómo me voy superando día a día para ser mi mejor versión.

4a Ocasión: En México desde Morelos a Coahuila en octubre del 2011.

Cuando vivía en Líbano un poco antes de mudarnos a México, mi papá me regaló un coche y mi cuñada me enseñó a manejar, le estoy agradecida por eso. Así que manejé como 1 año y medio.

Sin embargo, cuando vivimos en Morelos, nunca me animé a comprar un coche, ya que tenían muy buen servicio de transporte (autobuses, rutas)y no sentí la necesidad de manejar, aunque confieso que eso me llegó a limitar para poder salir un poco más y no tener que depender del transporte público.

Al mudarnos a Coahuila, ME PROPUSE APRENDER A MANEJAR Y LO HICE, YA QUE HABÍA DEJADO DE MA-NEJAR DURANTE 9 AÑOS, que fueron los que viví en Morelos y era como volver a aprender o a recordar, pero la verdad si me daba miedo.

Así que nuevamente aprendí a manejar, ahora soy más independiente para poder desplazarme a donde yo quiera, además aquí las calles son muy amplias y en el vera-no llegamos a estar a 40 grados, aquí si sentí la necesi-dad de manejar (por las distancias y por el calor).

OTRO DE MIS OBJETIVOS ERA VIVIR EN UNA CIUDAD, a pesar de que le tengo mucho cariño a la provincia donde viví por 9 años, por ser el lugar donde nació mi madre y el lugar que nos recibió y acogió en los momentos más difíciles de nuestras vidas, librándonos de seguir viviendo en la guerra, ahí fue donde hice mis primeros amigos, con quienes todavía tengo contacto con algunos de ellos.

En cierta forma, la provincia me limitaba, a pesar de que mi vida se desarrollaba en la ciudad de Cuernavaca y prácticamente solamente llegaba a casa a dormir, y como mencioné anteriormente, me limitaba en algunos aspectos, por ejemplo para las salidas con mis amigos, ya que tenía que depender de los horarios de los autobuses.

Así que llegué a ésta conclusión de Robin Sharma, con la que me identifico mucho:

"Change is hard at first, messy in the middle and gorgeous in the end".

ROBIN SHARMA

"El cambio es duro al principio, desordenado a la mitad del camino y magnífico al final".

ROBIN SHARMA

CAPÍTULO VEINTIDÓS

EL MOMENTO EN QUE CONOCÍ A MI MENTOR

Te ha pasado que hay momentos en tu vida en que te preguntas, ¿Por qué a pesar de haber conseguido muchas cosas, como viajes, metas cumplidas, éxitos, por qué a pesar de eso, a veces te sientes estancado (a)?

Un día, (en julio 2016) me llegó por casualidad, un test de personalidad por Facebook, después de eso me llegó un video de un chico de España que estaba narrando su historia y hablando sobre temas que me parecieron muy interesantes, me gustó su forma de motivar y lo que decía se me hacía congruente. Después empecé a ver más videos de él y a escuchar sobre sus libros, *La Voz De Tu Alma, Un Milagro en 90 Días y Tu Propósito de Vida.*

En una ocasión dijo: ¿De qué te sirve tener éxito si no eres feliz? ¿De qué te sirve leer por leer si no estás transformando tu vida? No sé si exactamente estas fueron sus palabras, pero el punto es que fue a partir de ese momento que comprendí muchas cosas, como decimos aquí, fue cuando me cayó el veinte del por qué a veces me sentía estancada a pesar de haber logrado muchos de mis sueños, a pesar de haber tenido muchos trabajos extraordinarios, etc. Me di cuenta que no solamente se trata de lograr por lograr y de tener éxitos, sino de estar progresando constantemente y a la vez también cumplir aquellos sueños que te hacen feliz.

Sin embargo, muchas veces hace falta tener visión o claridad de aquello que realmente queremos ser o hacer. Conforme lo iba escuchando más curiosidad tenía por leer sus libros, así que me puse a buscar sus libros en las librerías en la ciudad donde resido y después en la ciudad de México, sin embargo aún no llegaban, más adelante, me enteré por sus videos que los podía conseguir en Amazon.

A partir enero del 2017 empecé a comprar un libro por mes durante todo el 2017, me dediqué todo ese año a invertir en comprar sus libros, ya que conforme leía uno de sus libros me fueron gustando y decidía seguir comprando el siguiente. Lo más importante es aplicar lo que vas aprendiendo, vas cambiando tu mentalidad y lo mejor es cuando empiezas a ver los resultados en tu vida.

El año del 2018 fue un año lleno de bendiciones para mí, un año transformador con muchos milagros, gracias a Dios, nuevamente superó mis expectativas y gracias a la lectura de los libros de Lain.

CAPÍTULO VEINTITRÉS

EL CAMBIO Y COMIENZO DE MUCHAS BENDICIONES

A principios del mes de enero del 2018 soñé que afuera de mi casa había muchos animales como elefantes, camellos, entre otros, dentro de mi sueño yo sentía paz, era extraño ver a muchos animales afuera de la casa y mi interpretación fue la siguiente:

¡Esto es un buen augurio!

Después el 24 de enero me mandó mi jefe al banco a retirar dinero y en eso estaba yo platicando con el personal del banco y no sé cómo me di cuenta que vendían Euros y se me ocurrió decirles, no sabía que venden Euros y me dijeron, ¿Por qué piensas ir a Europa?

Me detuve un momento a pensar y en mi interior parecía un sueño muy muy lejano pero se me ocurrió decirles, SÍ por qué no, (como dice un famoso jugador mexicano de futbol soccer) en un comercial salía diciendo: Sí y por qué no.

Después el 11 de febrero me llegó un mensaje acerca de un Evento en España, me enteré por en video en YouTube, venía un número a donde podía escribir para inscribirme, así que lo anoté y de inmediato sin pensarlo mucho envié un mensaje (eso debió ser como por el mes de noviembre del 2017).

Pero cuando me llega el mensaje el 11 de febrero me súper emocioné, aun así lo pensé unos días, pero no mucho tiempo, solo unos días. Me sentía comprometida, pues si había hablado sobre mi interés en asistir y me enviaron la invitación, sentí que no podía decir que no, me iba a sentir como falta de compromiso de mi parte, aun así, lo pensé unos días no mucho, pero sí unos días.

El 16 de febrero del 2018, asistí al Concierto de un grupo de Pop que me gusta de aquí de México, estando en el Concierto me empecé a imaginar cómo sería asistir al Evento en España y me empecé a emocionar, ahí fue cuando me decidí que si, definitivamente iba a ir a ese evento.

Así que el Lunes 19 de febrero decidí hablar con mi jefe y pedirle permiso para 2 semanas de vacaciones, este era otro reto, ya que yo solamente tomaba mis vacaciones por 2 o 3 días máximo y los dividía durante el año. Para mi puesto, tenía que encontrar a alguien que me cubriera y además la tenía que entrenar.

Un año antes batallé mucho para salir de vacaciones porque no encontraba quien me cubriera, pero en esta ocasión estaba súper decidida, y como dice Lain, nada ni nadie me detiene, nada ni nadie me detendrá.

Así que me armé de valor y le pedí el permiso a mi jefe, primero me dijo que tenía que conseguir quien me cubriera y que tal vez había mucho trabajo, yo le dije siempre va a haber mucho trabajo, este viaje es muy importante para mí y necesito por favor saber lo antes posible por la compra del boleto de avión. Una amiga mexicana que vive en Suiza me lo iba a comprar desde allá, porque sale más barato y ya después yo se lo pagaría.

Gracias a Dios mi jefe es una buena persona, es justo y me dijo que ¡Síííííí! No lo podía creer, estaba súper contenta, así que de inmediato contacté por WhatsApp a mi amiga y ella me ayudó a comprar mi el boleto.

En esa misma semana en la madrugada, el 21 de febrero compré mi boleto al evento y me levantaba a las 6 de la mañana (2 horas y media antes de la entrada a mi trabajo) para hablar a España y hacer la reservación en el Hotel. Un día me asusté porque pensé ¡híjole! ¿Qué tal si requieren visa?

Hace algunos años recuerdo que una amiga iba a viajar a España y le pidieron visa, entonces me puse a hablar a la Embajada de España en México así como a la de Suiza y gracias a Dios que no se requería.

Un día me fui al banco para solicitar aumento de mi Tarjeta de Crédito, ya que no era mucho, yo sé que solo dan el aumento a través de una invitación, es decir, que te llegue primero la invitación, pero aun así, fui y lo intenté.

Primero me dijeron lo típico, no, no se puede, tiene que llegarle primero la invitación y yo le dije pero yo tengo un buen historial crediticio y hace mucho que no me llega la invitación, así que el chavo que me atendió, resultó ser buena onda y me dijo bueno vamos a ver qué podemos hacer y en menos de 10 minutos ¡Lo hizo, me dijo su crédito ha sido autorizado! No fue mucho, pero sí me sentía más segura para viajar con un aumento de crédito, así que la verdad no lo podía creer ¡wow! Eso fue un milagro.

Después me puse a pensar quién me puede cubrir, le pedí a Dios que me ayudara y se me vino a la mente una compañera que se me hace una persona responsable y confiable, así que le pregunté primero a mi jefe si estaba de acuerdo y él dijo que sí, después le dije a ella y ella estaba encantada, así que la empecé a entrenar para yo poder realizar mi viaje.

Fue increíble cómo se fueron acomodando las cosas, todo iba fluyendo y que todo pasó al revés de cómo yo normalmente hago las cosas, ya que antes, hasta no estar segura de algo, daba un paso y ahora lo hice todo al revés.

No sabía si me darían el permiso, no había quien me cubriera, no sabía si me darían el crédito y aun así gracias a Dios todo salió bien, de maravilla.

Después en el día de mi cumpleaños me contactó una amiga de Francia que conocí en la Escuela de Español para extranjeros en Cuernavaca, Morelos. Le dije que iba a ir a España y que me gustaría mucho verla.

Para mi gran alegría y sorpresa me dijo que síííí, tenía casi 10 años de no verla, también me iba a reunir con una amiga que también iba a ir al evento, que conocí por el Facebook, ella es de Guadalajara y con quien he hecho una muy bonita amistad.

Antes, yo le había comentado a mi amiga (la que vive en Suiza) que quería ir a España y a Suiza a verla y que mi sueño era conocer Italia, pero solo fue un comentario, ella me iba a ayudar con los boletos de México a Barcelona y de Suiza a Barcelona, y así quedó.

Finalmente llegó el gran día tan esperado y anhelado, no lo podía creer, iba a ir al Evento en Barcelona, España. Tuve un buen viaje gracias a Dios pero llegué directo a cenar y a dormir, traía el cambio de horario y estaba muy cansada.

Al otro día me fui a desayunar y ahí me quedé de ver con mi amiga de Guadalajara, a quien solo conocía por el Facebook, me cayó súper bien, como si nos conociéramos de toda la vida, le dije que llegaría mi amiga de Francia junto con otra amiga, pero ese día se atrasó su vuelo, así que mi amiga y yo decidimos salir a pasear a Ramblas. ¡Qué belleza de lugar! me encantó España y eso que aún no he conocido nada.

Ese día caminamos por horas y horas, comimos y nos tomamos fotos muy bonitas, fue padrísimo.

A mi amiga de Francia ya no la pude ver ese día, se atrasó mucho su vuelo, así que nos vimos al siguiente día, el viernes, mi amiga de Guadalajara no fue porque se quedó a descansar, así que nos fuimos a una playa de Barcelona, mi amiga de Francia, junto con otra amiga de ella y yo, fue increíble estar en la playa y ver el mar Mediterráneo. Donde yo nací (en Beirut, Líbano) vivía frente al mar, el mar Mediterráneo.

Fue increíble ese día también, estar en la playa, el clima estaba muy agradable y nos divertimos mucho, después nos fuimos a un centro comercial y después me fueron a dejar al hotel para darme un baño ya que iba a ser la inscripción al evento y ahí nos despedimos.

Pero qué gran amiga es mi amiga de Francia, que viajó desde Francia solamente para verme y aunque solo nos vimos un día, fue increíble volver a verla después de tantos años.

Esta tarde del viernes en que estábamos todos los asistentes en el lobby, sentí una energía como nunca antes la había sentido, es indescriptible, me sentía súper feliz y eso que viajé sola y no conocía a nadie, a mi amiga de Guadalajara la conocí en persona allá. Fue una vibración increíble como nunca antes la había sentido.

Era una gran emoción, me acordé del Concierto de Pop al que fui a ver, de un grupo famoso en México, pero la emoción que sentí antes de entrar al evento, era mucho mayor, era una sensación impresionante.

Al otro día tenía que madrugar para viajar rumbo a Suiza y reunirme con una de mis mejores amigas, de toda la vida, a ella la conocí en la Preparatoria. Sin la ayuda de mi amiga, nada de esto hubiera sido posible, más que una amiga es como una hermana para mí.

Llegué a Suiza con mi amiga, estaba ella con su esposo en el aeropuerto esperándome, siempre han sido muy buenos y muy amables conmigo. Llegamos a su casa y mi amiga me preguntó si quería desayunar algo pero yo estaba tan cansada que preferí dormir para recuperar energía.

Me dormí como 2 horas y después bajé para desayunar con ellos y me dijo mi amiga, hoy mismo salimos para Italia y viene mi cuñada con nosotras, yo me quedé pensando ¡Wow qué increíble si vamos a ir a Italia, qué emoción! Siempre ha sido mi sueño conocer Italia, así que terminamos de comer y después a hacer maletas.

Salimos esa misma noche hacia Italia, nos fueron a dejar al aeropuerto el esposo de mi amiga junto con sus hermosas hijas, yo les dije muchas gracias por prestarme a su mamá unos días, son unas niñas muy lindas.

Ese día se estaba cumpliendo gracias a Dios y a mi amiga, uno más de mis sueños: ¡Conocer Italia, *Mamma mia*! Siempre me ha llamado la atención Italia, por las películas que he visto, porque algunos árboles y calles me recuerdan a Líbano y porque mis cantantes favoritos son de ahí, Eros Ramazzotti y Laura Pausini.

Llegamos a media noche y ya nos fueron a recoger al aeropuerto para llevarnos al Hotel, al otro día después de desayunar salimos a explorar Roma ¡Dios mío qué belleza de lugar, es mágico!

Lo primero que hicimos fue ir a comprar un ticket para el autobús turístico, entre mi amiga y su cuñada no me dejaban pagar nada, mi amiga se encargó del boleto de avión, del hospedaje y en las comidas no me dejaban pagar nada, recibí tanto cariño, me siento muy feliz y muy agradecida con Dios y con ellas, en especial con mi amiga.

El clima era maravilloso, no hacía ni frío ni calor, había mucha gente, muchos turistas y yo pensaba, Dios mío cómo será aquí en temporada alta, debe de haber el doble de turistas, pero todo bien, padrísimo.

Fuimos hacia el Coliseo, yo parecía como una niña chiquita llena de emoción, para todo wow, wow, wow. Nos tomamos muchas fotos y todo padrísimo y en eso sucede algo que me hace recordar el sueño que había tenido en enero del 2018.

Mi amiga y su cuñada se adelantaron a caminar un poco y yo me distraje porque llegó un chico a venderme unas pulseras, 2 eran delgadas de varios colores y la tercera pulsera era diferente, esa tercera pulsera la agarró el chico y me la colocó en la muñeca, entonces yo pensé, bueno, aunque no tenía intención de comprar pulseras, pero así les regalo una a mi amiga y otra a su cuñada, y ya se las pagué al chico.

De repente, me quedé mirando un momento fijamente la pulsera, ya que cuando el chico la colocó en mi mano no le presté mucha atención, me gustó y pensé si está bien la compro, pero después la miré detenidamente y para mi sorpresa veo el dibujo de un elefante y en ese preciso momento se me viene a la mente mi sueño, el de principios de año de enero del 2018, cuando soñé varios animales afuera de la casa pero el que más sobre salía era el elefante.

Aquí te comparto la foto de esa pulsera, de verdad fue increíble, fue en ese momento en que pude interpretar mi sueño y creo mucho en las señales pero cuando llegan así de repente en forma intuitiva o a través de sueños. En Roma era el día martes 05 de junio del 2018. Esta es la pulsera que el chico me colocó en mi mano y que aún conservo y esta fue la primera señal del viaje, el elefante está en el centro de la pulsera.

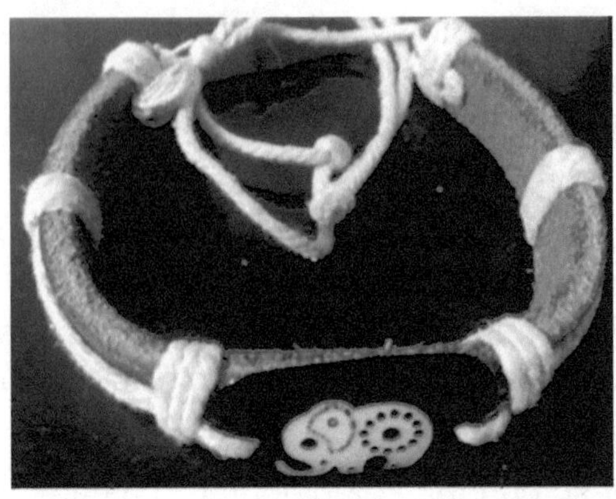

Me quedé en *shock* y enseguida le platiqué a mi amiga, después continuamos con nuestro tour, estuvimos en Italia 3 días, 2 noches, fue un mega súper híper maratónico tour, pero valió la alegría.

El primer día, no me había percatado, pero al otro día al salir del hotel donde nos hospedamos, cerca de ahí, no sé cómo volteo y veo una estatua de un elefante (segunda señal) y pensé: ¡Dios mío otra casualidad o causalidad! Con gusto comparto la foto:

Y le digo a mi amiga mira, otra vez un elefante, ya le había contado sobre mi sueño.

Después de ahí nos dirigimos al Vaticano, era un día Miércoles, empezamos a caminar y a tomarnos fotos y justo antes de llegar, unas personas nos querían vender cosas y nos dijeron, no entren, hoy no está EL PAPA.

En eso me acordé de las palabras de Lain y empecé a decir en voz alta, nada ni nadie me detiene, nada ni nadie me detendrá, vamos a seguir adelante, mi amiga seguramente pensó, ¡esta está loca jajaja!, o sea, yo, y para nuestra sorpresa sí estaba EL PAPA y estaba dando una misa. ¡Wow qué increíble!

Después me enteré que no todos los días hay misa, solo ciertos días, pero si yo le hubiera creído a la que me dijo que hoy no oficiaba misa EL PAPA, de lo que me hubiera perdido, no le hice caso, yo seguí a mi intuición.

La verdad fue increíble ese viaje a Roma, me la pasé súper feliz y ya el miércoles en la tarde salimos rumbo a Suiza. Al otro día jueves salimos a pasear mi amiga y yo a Zúrich. Suiza es un lugar bellísimo, me encantan sus paisajes, parece paraíso.

Íbamos caminando por las calles y no sé cómo volteo y veo otra estatua de un elefante y le digo a mi amiga, mira otro elefante.

Con gusto les comparto la foto:

Finalmente llegó el día de regresar a México, los momentos que viví en España, Italia y Suiza fueron increíbles.

Fue una experiencia inolvidable y ya cuando estaba en el avión antes de despegar rumbo a México, estaba en comunicación con mi amiga, le estaba dando las gracias por todo y le estaba diciendo que después hacemos cuentas ya que ella me había comprado mi boleto de México a España y de Suiza a España, le dije, también me dices por favor cuánto es del viaje a Italia, ya que siempre me decía, después hacemos cuentas.

Mi amiga me dijo, sí después hacemos cuentas de lo de España y de Suiza, pero Italia es un regalo de mi para ti y le dije, gracias pero no quiero abusar, ya me ayudaste bastante al darme oportunidad de poder saldar mi deuda en pagos, pero ella me volvió a decir que Italia había sido un regalo. ¡Qué increíble! Me sentí tan feliz y tan agradecida con ella y toda su familia, la verdad se portó más que como una amiga, como una hermana y siempre le estaré agradecida por su apoyo, por su generosidad y por haber confiado en mí, que Dios la bendiga a ella y a su familia.

Llegué a México y a los pocos meses ya había pagado mis deudas, nuevamente agradezco a Dios y a mi amiga que hicieron este viaje posible, gracias, gracias, gracias.

CAPÍTULO VEINTICUATRO

AL REGRESO DE MI VIAJE A EUROPA

Al regreso de mi viaje me sentí muy contenta y agradecida, aunque había momentos en que sentía mucha nostalgia, y debo confesar que me costó un poco volver acostumbrarme al día a día.

Ese viaje me sirvió para darme cuenta de muchas cosas, aunque no entendía porque me sentía incómoda y porque me estaba cuestionando muchas cosas, si se supone que tenía que estar contenta y agradecida, no entendía, pensaba tengo que estar contenta, parece como si nunca estuviera satisfecha y porque ahora me estoy cuestionado varias cosas en mi vida, desde amistades, relaciones, etc.

Me di cuenta de que es porque había despertado nuevamente y aprendí que lo que te incomoda o lo que te está incomodando es para hacer algo al respecto. Yo siempre he pensado, si hay algún problema tengo que ver la forma de resolverlo (claro lo que dependa de mí), pero que no se convierta en queja, sino solucionarlo, por fin entendí que la incomodidad es para hacer algo al respecto y dar un siguiente paso, que como dice Lain, que te lleve a un siguiente nivel.

Así lo hice y me fui sintiendo mejor, continué con las lecturas y comencé uno de los viajes más importantes y difíciles de realizar, que fue el viaje hacia mi interior.

Una cosa que me pasaba mucho era vivir añorando el pasado y pensando en el futuro y recordé el Libro de Eckhart

Tolle, *El Poder del Ahora*, pensé no puedo estar en el pasado ni en el futuro, ni crear un potencial excesivo de lo que deseo, sino disfrutar el presente, después en noviembre del 2018 se me presentó un nuevo desafío.

Desafío de mi salud

Durante el mes de octubre del 2018 me empezó a doler mi rodilla derecha. Hace muchos años me lastimé esa rodilla en Líbano mientras estaba bailando, a los quince días, me caí y a raíz de eso me tuvieron que operar del menisco, gracias a Dios todo salió bien.

Después de muchos años, de repente el dolor regresaba y se iba, cuando me dolía, sacaba cita con mi ortopedista, me checaba, me daba unos calmantes y otra vez todo bien.

Nuevamente regresaba el dolor, a veces me infiltraba la rodilla y ya se iba el dolor. Sin embargo, en octubre me empezó a doler mucho, al subir y bajar escaleras, entonces me preocupé y fui de nuevo con mi ortopedista y él me recomendó que me hiciera una resonancia para estar seguros y descartar cualquier cosa, así que me la hice el 31 de octubre y los resultados me los dieron el 1° de noviembre.

Cuando le llevé los resultados al ortopedista (quien es una gran persona y buen médico) me dijo que tenía un daño en el menisco de la rodilla derecha y que requería operación, que aunque no era urgente, pero sí era necesaria. La verdad me puse triste, aunque yo sé que hay personas que padecen de enfermedades más graves, pero yo no quería que me operaran.

Aun así fui a ver a nuestro médico (Medicina Interna) solo para pedirle su opinión, no porque no le creyera a mi ortopedista, sino para tener otra opinión, para mi sorpresa, él también me dijo que si necesitaba operación y de nuevo me puse triste.

Me puse a investigar en cuánto me iba a salir la operación y aunque tenía a mi alrededor gente muy amable con toda la disposición de ayudarme y la operación no me iba a costar mucho porque además cuento con un seguro y trabajo en el sector salud, aun así pensé, es que no me quiero operar, debe haber otra manera.

Después le pregunté a Dios: ¿Qué debía hacer? No quería ser terca y decir no si realmente necesito la operación, pero ¿qué tal si no es para tanto y hay otra manera de salir adelante? Durante el tiempo en que está uno entre que sí y que no, es cuando más incómodo te sientes, cuando está uno indecisa (o).

Pero Dios me iluminó y fui nuevamente con mi ortopedista, el pobre estaba preocupado porque yo no le decía nada, pasaron como 10 días, hasta que por fin TOMÉ MI DECISIÓN. Le dije, doctor, qué otra opción tengo, no me quiero operar y me dijo te puede ayudar la natación, pero me volvió a decir que requiere operación en un futuro, no es urgente pero sí necesaria.

Así que me puse a buscar lugares donde dan clases de natación, pero como era noviembre y hace frío, me dijeron todo está cerrado por ser invierno, así que sería hasta el verano. Una vocecita en mi cabeza me decía, ¡NO! Yo en verano tal vez vaya al Evento de Lain (aún sin estar segura), pero es increíble como el simple poder de un pensamiento y de tomar una decisión te puede dar toda la fuerza interior que necesitas para salir adelante.

Así que seguí buscando y buscando escuelas y lugares donde pudieran dar clases de natación, le platiqué a una compañera de trabajo, le dije es que yo no me quiero operar ni incapacitar por 3 semanas (eso iba a ser entre noviembre y diciembre del 2018).

Ella bien buena onda, tenía pensado tomar sus vacaciones para diciembre para estar con sus hijas y su esposo, aun así me dijo, no te preocupes si tú necesitas que te cubra yo te cubro, yo le decía pero y tus vacaciones y ella me decía no te apures yo te cubro.

Después le platiqué que ya me había decidido que no me iba a operar y entonces ella me recomendó ir a fisioterapia, después le dije que estaba pensando en tomar clases de natación, más bien como terapia, como otra opción pero que por ser invierno todo estaba cerrado.

Pasó una semana y después mi compañera me llamó y me dijo, ya te conseguí el lugar, si abren en invierno y está a menos de 2 cuadras del trabajo. Yo estaba súper feliz y agradecida, la verdad Dios siempre te pone ángeles en forma de amigos, compañeros que te ayudan cuando más los necesitas, eso es algo que valoro mucho y que nunca olvidaré.

Así que fui a ese lugar, la chica de ahí súper amable y me dijo que podía ir a una prueba gratis y me dio una gorrita para nadar y yo le decía cuánto es y ella me decía después me pagas en la siguiente clase, sin conocerme, sin tener anotado mi nombre ni mi celular, yo estaba súper agradecida como todavía hay gente buena que confía en ti, sin conocerte.

Así que fui a unas clases y luego sentí mejoría pero después comenzó a hacer más frío y me dijo que iban a cerrar y vuelven a abrir a finales de febrero del 2019. Pero me sentí súper feliz y agradecida porque ya había encontrado el lugar, ahora solo es cuestión de tiempo.

Sin embargo, no me podía quedar de brazos cruzados, un día estaba viendo mi celular y no sé cómo **vi la imagen de**

una abeja pero fue tan rápido que no le presté atención. Después le platiqué a una conocida mía y de mi hermana, a la que queremos mucho y que es como un ángel para nosotras, ella me dijo, yo practico la apicultura, yo antes había escuchado que era buena para la migraña, pero yo decía pobres abejitas, se me hace egoísta de mi parte pero en eso recordé la imagen del celular y pensé esto no es una coincidencia y pensé, ok lo voy a intentar.

Tengo desde noviembre yendo una vez por semana con mi amiga practicando la apicultura y se me ha quitado por completo el dolor y en febrero pienso retomar las clases de natación.

Además, al mismo tiempo leí el libro de *Cómo Atraer la Salud* y gracias a ese libro fue como por fin pude tomar la decisión de no operarme y de cambiar mi chip mental y buscar otras opciones para salir adelante.

Una vez más, uno de los libros de Lain logró transformar mi vida, porque al leer cambias tu mentalidad, obtienes claridad mental y te abre la mente para buscar otras posibilidades para salir adelante.

CAPÍTULO VEINTICINCO

¿CÓMO GESTIONAR LAS EMOCIONES?

"La inteligencia emocional representa el 80 por ciento del éxito en la vida."

D**ANIEL** G**OLEMAN**

Aprender a gestionar las emociones de forma inteligente, nos sirve para mantener el equilibrio y la armonía en nuestras vidas. Cuando logras mantener tus emociones en equilibrio, te vas a sentir más feliz, con más serenidad, así como más creativo y productivo, así mismo te ayuda a tener mejores relaciones con las personas a tu alrededor y por lo tanto a tener relaciones más sanas y así poder dar lo mejor de ti mismo.

Daniel Goleman, nos habla acerca de 4 claves para aprender a gestionar nuestras emociones:

1. **Entender que no existen las emociones negativas**:

   Las emociones tienes una razón de ser. Por lo tanto, es un error catalogarlas en el grupo de las positivas o las negativas. Simplemente hay que tener presente que existen estímulos que llevan a experimentar determinadas emociones. Es inevitable.

2. Permítete sentir para gestionar las emociones:

La educación y la crianza tradicionales casi nunca nos enseñan a gestionar las emociones. Nos convencen de que hay sentimientos y emociones que no debemos experimentar. Nos dicen por ejemplo que llorar o tener miedo no soluciona nada.

Las emociones no nacen porque sí, ni desparecen porque sí. Reprimir lo que sentimos no es una manera correcta de gestionarlas. Intentar asfixiar lo que se siente solo aplaza su expresión. Lo reprimido retorna y a veces de mala manera.

3. Observa, observa, observa

La mejor manera de gestionar las emociones es aceptándolas, pero también comprendiéndolas. Es indispensable incrementar la capacidad de observación sobre ellas. El solo hecho de prestarles atención ya permite comenzar a canalizarlas.

"El éxito de una persona no depende del intelecto o de estudios académicos, si no de su inteligencia emocional."

DANIEL GOLEMAN

Goleman recomienda preguntarse ¿Qué estoy sintiendo? ¿Cómo me siento? Luego intentar poner el nombre exacto a esa emoción, si es ira o frustración, si es fatiga o rechazo, cuanto más precisa sea la identificación más fácilmente llegaremos a comprender el por qué de esas emociones.

4. Ser críticos con nuestros pensamientos

El pensamiento no es la realidad, sino un filtro para la realidad. Nos induce a sentirnos de una determinada forma frente a lo que sucede y en muchas oportunidades nos lleva a equivocaciones. Por ejemplo, el pensamiento puede decirnos que una dificultad es una molestia. Pero también podría decirnos que es un reto, una oportunidad. Sin embargo, esto se logra solo cuando nos atrevemos a cuestionar esas ideas y no simplemente nos dejarnos llevar por ellas.

Fuente: https://lamenteesmaravillosa.com/4-claves-gestionar-las-emociones-manera-inteligente/

"Jamás tomes una decisión permanente en una emoción temporal."

ANÓNIMO

Cómo enfrentar las decepciones

Todos en algún momento de nuestras vidas nos hemos enfrentado a algún tipo de decepción.

¿Cómo debemos enfrentarlas y cómo salir adelante?

Algunas veces nuestras propias expectativas nos hacen tener decepciones, por eso me gustaría compartir contigo la siguiente **reflexión de William Shakespeare:**

"Siempre me siento feliz ¿Sabes por qué?
Porque no espero nada de nadie; esperar siempre duele.
Los problemas no son eternos, siempre tienen solución,
Lo único que no se resuelve es la muerte.
La vida es corta, por eso ámala.
Se feliz y siempre sonríe, solo vive intensamente.
Antes de hablar, escucha. Antes de escribir, piensa.
Antes de herir, siente. Antes de rendirte, intenta.
Antes de morir, vive".

La importancia de la actitud

La siguiente reflexión es acerca de cómo reacciona cada persona o cómo elije enfrentar una misma situación, pero con distinta actitud:

La Piedra

El distraído tropezó con ella.
El violento la utilizó como proyectil.
El emprendedor construyó con ella.
El campesino cansado la utilizó como asiento.
Para los niños fue un juguete.
David mató a Goliat y Miguel Ángel
le sacó la más bella escultura.
En todos los casos, la diferencia
no estuvo en la piedra sino en el hombre.
No existe piedra en tu camino que no
puedas aprovechar para tu propio crecimiento.

Mi hermana, un ángel en mi vida

Le doy gracias a Dios por los hermanos que me dio, en un capítulo anterior, hablé sobre el agradecimiento que le tengo a mi hermano por su generosidad, por su apoyo y por todas las veces que nos ayudó, lo hizo cuando más lo necesitábamos. En esta ocasión hablaré de mi querida hermana, entre ella y yo solamente hay una diferencia de edad de un año y medio, ella es la menor.

A pesar de que somos diferentes, a la vez somos parecidas en algunas cosas y a pesar de que a veces nos peleamos (como cualquier hermana) ella también es para mí mi mejor amiga, mi confidente y sé que puedo contar con ella, tanto en las buenas como en las malas, que me quiere y me acepta tal y como soy, sin juzgarme y que aun cuando me equivoque, ella estará ahí siempre para apoyarme, sobre todo le agradezco mucho su paciencia, es una gran virtud que tiene.

Me siento muy agradecida con Dios, porque me envió una hermana, ella es una bendición en mi vida.

En medio de tantos cambios de lugares de residencia, de un país a otro, de un estado a otro, a veces es difícil hacer amigos y volver a integrarte a la sociedad, sobre todo al principio, pero sabes que tus hermanos siempre estarán ahí a tu lado para apoyarte, para animarte a seguir adelante.

Nos hemos llegado a pelear, cada uno de nosotros tenemos nuestra personalidad y nuestro carácter, pero NO podemos dejar de hablarnos, el lazo y el amor que nos une es más fuerte que cualquier pelea. Por eso es una bendición tener en mi vida a mis hermanos.

Los amigos son la Medicina del Alma

Esta parte del libro la quiero dedicar especialmente a todos mis amigos que he conocido a lo largo de mi vida. Primero que nada agradezco a Dios el que los haya puesto en mi camino. Tanto en Líbano como en México he tenido la fortuna de conocer a amigas y amigos muy valiosos, quienes a pesar de la distancia y el tiempo siempre los llevo en mi mente y en mi corazón.

A algunos de ellos tengo muchos años de no verlos ya que viven en otra ciudad u otro país, sin embargo, cuando he tenido la fortuna de verlos de nuevo o de estar en comunicación con ellos, es como si el tiempo nunca hubiera pasado.

Me gustaría poder mencionarlos a todos, pero no quiero omitir a alguien, creo que ellos ya lo saben, pero de igual forma se los digo, los quiero mucho y les agradezco a cada uno de ustedes, ya que han marcado mi vida en una forma muy especial, gracias por formar parte de mi vida.

Gracias a mis amigos de México, de Líbano, de Suiza, de Francia, de Estados Unidos, de Canadá, amigos que conocí en la escuela, otros en mis trabajos y a mis nuevos amigos de México y de España.

En noviembre del 2017 hice un viaje a Cuernavaca y vi a mis amigos que tenía 7 años que no veía, aunque fueron solamente 4 días, me la pasé increíble. Muchas gracias a todos, por su cariño, soy muy afortunada por contar con su amistad, me faltó tiempo para ver a otras personas muy queridas para mi y a quien también las quiero mucho.

Para mí, los amigos son una parte fundamental en mi vida, ellos son la Medicina del Alma, ellos son la familia que uno elige con el corazón. A continuación les comparto la siguiente frase que habla acerca de la amistad y que me gusta mucho:

"Una amistad no crece por la presencia de las personas, sino por la magia de saber que aunque no las ves, las llevas en el corazón…"

CAPÍTULO VEINTISÉIS

LA IMPORTANCIA DE LA LECTURA

En capítulos anteriores hablé acerca de cómo se despertó mi interés hacia la lectura. Fue en la escuela, la primera vez que comencé a leer porque era un deber, una tarea, me gustaban los libros que nos dejaban de tarea para leer en la materia de psicología.

Sin embargo, mi verdadero interés despertó cuando mi mamá me regaló el Libro de **Metafísica 4 libros en 1 de Conny Méndez** a la edad de 16 años. Ese fue el primer libro que me impactó, sobre todo porque era la primera vez que mi mente se abría a algo nuevo, sobre todo los términos como: "Mirar más allá de lo físico" o "Como es arriba es abajo" y empecé a practicar lo que ahí decía, empecé a notar pequeños cambios, pero como no era constante tal vez por eso no vi resultados más notables.

El segundo libro que me impactó fue **El Alquimista de Paulo Coelho** sobre todo me llamó mucho la atención que habla sobre LA LEYENDA PERSONAL y de cómo aunque a veces hay un tiempo en que parece aparentemente que te desvías en tu vida, te desvías de tu camino o no tienes muy claro hacia dónde vas, al final es como un rompecabezas y todo empieza a tomar forma y a tener sentido, entonces te das cuenta que todo tiene su razón de ser y así tenía que pasar.

He leído muchos libros, pero no todos te impactan, no todos te transforman. Hubo otros dos libros del autor mexicano **Horario Jaramillo Loya de *El Miedo a ser Yo Mismo* y *Los Consejos del Búho*** que sí me ayudaron mucho en mi crecimiento personal. Este autor lo conocí, gracias a mi mamá que le gustaba escuchar un programa en la radio de Emma Godoy y en ese programa mencionaban a ese autor.

Le pedí de favor a mi tía Lili (de México) que me los comprara y me los enviara a Líbano, como comenté anteriormente, ese autor supe de él gracias a mi mamá. Gracias a esos 2 libros, se transformó mi mente y me ayudaron a tomar una importante decisión, que fue cuando mi hermana y yo decidimos venir a vivir a México en forma definitiva.

En México seguí leyendo muchos libros muy bonitos, uno de ellos es el de Robin Sharma de *El Monje que vendió su Ferrari*. Pero la verdadera transformación llegó cuando empecé a leer LA SAGA DE *LA VOZ DE MI ALMA*, de Lain García Calvo.

Es la primera vez que encuentro algo súper completo ya que Lain tiene una forma muy clara de explicar, se nota su entrega, su generosidad en sus libros, se nota cuando alguien se ha preparado realmente y sabe de lo que está hablando, porque abarca temas como la metafísica, mensajes de la Biblia pero explicado con sus propias palabras, de una forma tal, que es muy claro y congruente, además de que la Saga abarca muchos temas que a la mayoría nos interesan y que necesitamos saber como salud, dinero y amor, entre otros temas, como la Fe, Tu propósito de vida, etc.

Esto no es propaganda, es de verdad lo que yo he vivido en lo personal, me ha ayudado mucho a aprender a tener más fe, a enfrentar un desafío de salud (libro de *Cómo Atraer la Salud*) y cumplir más sueños.

Sobre todo, lo que más me ha ayudado, ha sido en transformar mi mentalidad, en creer más en mí misma, EN HACER QUE MIS ANHELOS SE ADAPTEN A MIS CIRCUNSTANCIAS Y NO AL REVÉS, es decir, antes de leer sus libros, mi manera de pensar era algo así como, bueno esto me tocó vivir, tal vez es el destino.

Pero cuando conocí a Lain a través de la lectura de sus libros, de sus videos, me di cuenta de que uno puede cambiar su vida, uno hace su parte y el universo o Dios hace lo demás y me encanta una de sus tantas frases de Lain que dice: "NO ESTÁS DESTINADO, ESTÁS PROGRAMADO, CAMBIA TU PROGRAMACIÓN Y CAMBIARÁS TU DESTINO".

A través de la lectura fui cambiando mi mentalidad y por lo tanto empecé a cambiar, la prueba de ello, fue mi viaje del año pasado en junio del 2018 a Europa.

Había muchísimos obstáculos, para empezar yo solamente tomaba jueves y viernes de vacaciones por el puesto que desempeño, después no tenía quien me cubriera, ya que la chica que me cubría esos 2 días ella tiene un puesto con más trabajo que yo y no quería abusar, ya que me estaba ayudando al cubrirme.

Para mí viajar a Europa se me hacía como un sueño muy muy lejano, pensaba eso es muy caro.

¿Qué fue lo que hizo que todo fuera posible? Es simple.

MI ANHELO DEL ALMA, yo estaba decidida y una vez que te decides es impresionante la fuerza interior que surge en ti y cómo el Universo conspira a tu favor.

Entonces todo empezó a acomodarse y ahí vi aplicado lo que Lain enseña en sus libros, es decir, de no haber leído sus libros, yo hubiera seguido pensando, no, no puedo, cómo voy a ir 2 semanas a Europa si solo hay una persona que me puede cubrir por 2 días, no tengo suficiente dinero, no creo que me dé permiso mi jefe, etc., etc., etc.

Y es ahí cuando te das cuenta de que TU ANHELO, TE LLEVA A LA EMOCIÓN LA CUAL TE LLEVA A LA ACCIÓN Y POR LO TANTO AL RESULTADO.

"Si no encuentras la manera la creas, si no la inventas."

LAIN GARCÍA CALVO

Por eso es tan importante leer, de verdad te recomiendo leer, porque no solo cambias tu mentalidad, sino que transformas tu vida a un mejor nivel.

Ese viaje significó mucho para mí porque me di cuenta de que aquello que veía imposible con mis viejos paradigmas después fue posible gracias a la transformación de mi mente, así sí, es verdad 90% es mentalidad y 10% técnica.

Por primera vez sentí que ya no es como un corcho en medio del mar en donde la vida te lleva de un lugar a otro, una y otra vez, estando en la inestabilidad, sino que ahora uno puede ser responsable de tomar el timón de su barco y dirigirlo hacia donde quiere ir, de enfocarse en lo importante. Que uno es capaz de elevar sus anhelos hacia sus circunstancias y no bajar sus deseos de acuerdo a sus circunstancias, ese fue para mí, mi principal aprendizaje y aún continúo aprendiendo porque admiro a las personas inteligentes como Lain, quien además podemos ver sus resultados.

Otra frase de Lain que me encanta: "No importa de dónde vengo, importa a dónde voy". Los que conocen la Saga De *La Voz de Mi Alma* ya saben qué sigue ☺

*"La Mente es como un paracaídas,
no funciona si no está abierta."*

ALIN SAV

Mi espacio

¿Cuántas veces has escuchado decir a tus amigas y amigos que son padres de familia que se sienten culpables cuando hacen algo para ellos mismos? Cuando no pueden cumplir algunas exigencias de sus hijos ya sea económicas, o a veces algunos simples caprichos y eso los hace sentir culpables. ¿Cuántas veces te sientes mal o te hacen sentir mal porque no puedes complacer a los demás?

No tiene nada de malo poner límites, no tiene nada de malo decir NO, cuando realmente no quieres hacer algo. Obviamente cuando se trata de una tarea de un trabajo ahí si hay un compromiso y hay que cumplir, pero me refiero a las veces que uno dice que si cuando tu interior te dice que NO.

Lo más difícil es ser fiel y leal a ti. No tiene nada de malo pensar en ti, eso para mí no es ser egoísta sino amarse a uno mismo, es ser honesto contigo.

Es importante fijarte muy bien de quien te rodeas, de ver a quién quieres en tu mundo.

Alguna vez te ha pasado que muchas veces tú estás bien, te sientes, bien pero de repente te ves rodeado de personas muy negativas, que se la pasan hablando mal de los demás o están quejándose todo el tiempo y lo que están haciendo (ya sea consciente o inconscientemente) es echarte su basura, simplemente para ellos desahogarse y acaban drenando tu energía, y esto pasa porque tú les prestas tu atención y como dice Lain: "Allá donde va tu atención va tu energía."

"Los barcos no se hunden por el agua que les
rodea, se hunden por el agua que entra en ellos.
No permitas que lo que suceda a tu alrededor,
se meta en tu interior, te inunde y te hunda."

ANÓNIMO

Hay veces en las que debemos elegir nuestras batallas, saber cuáles si hay que pelear y cuáles no, ya que puede llegar a ser muy desgastante pelear con todo aquel o aquellas personas que te quieren provocar, o se quieren desquitar o simplemente porque tuvieron un mal día, o porque no les caes bien, o porque no les cumpliste un capricho, por envidia o simplemente por ser quien eres, porque brillas con tu propia luz.

Reflexión: La gente como camiones de basura:

Enlace: https://www.youtube.com/watch?v=grIHnkqdkl4

Es mejor si miras el video, pero trata acerca de un conductor que lleva a un pasajero hacia su destino y se traviesa en su camino otro coche, el señor del otro coche se baja y le empieza a gritar y a decir un montón de cosas, entonces el pasajero le pregunta:

¿Cómo puedes mantenerte tan tranquilo?

El conductor le contesta: Algunas personas son como los camiones de basura, se rodean de basura, llenos de decepciones, frustración, llenos de ira, y cuando su basura se acumula, necesitan un lugar donde arrojarla y a veces te la arrojan a ti, pero sabes que, no te lo tomes personal, tú solo sacude, sonríe y les deseas el bien y sigues adelante.

No dejes que esa basura se esparza, en el trabajo, en casa o en las calles. Ama a aquellos que te tratan bien y rezas por los que no.

La vida es 10% de lo que haces, el otro 90% es cómo lo tomas.

CAPÍTULO VEINTISIETE

MOMENTOS DE REFLEXIÓN

La leyenda de la luciérnaga y la serpiente

Cuenta una fábula que en cierta ocasión una serpiente empezó a perseguir a una luciérnaga; esta huía muy rápido y llena de miedo de la feroz depredadora, pero la serpiente no pensaba desistir en su intento de alcanzarla.

La luciérnaga pudo huir durante el primer día, pero la serpiente no desistía, dos días y nada, al tercer día, ya sin fuerzas, la luciérnaga detuvo su agitado vuelo y le dijo a la serpiente: ¿Puedo hacerte tres preguntas?

No acostumbro conceder deseos a nadie, pero como te voy a devorar, puedes preguntar, respondió la serpiente.

Entonces dime:

¿Pertenezco a tu cadena alimenticia?

¡No!, contestó la serpiente.

¿Yo te hice algún mal?

¡No!, volvió a responder su cazadora.

Entonces, ¿Por qué quieres acabar conmigo?

¡Porque no soporto verte brillar!, fue la última respuesta de la serpiente.

Reflexión

En el entorno de cada uno de nosotros, siempre hay personas envidiosas que intentan opacar nuestro trabajo, nuestras ganas, nuestros esfuerzos por mejorar, por avanzar. Nos preguntamos:¿por qué me pasa esto si yo no he hecho nada malo?

Volemos siempre por encima de ellos y con nuestra luz iluminemos su camino, para que ellos también puedan avanzar.

Fuente:

https://www.baojpsicologos.es/la-serpiente-y-la-luciernaga/

El valor de la libertad

En mi opinión personal, creo que el valor más preciado que tiene un ser humano es su libertad. Pienso que el medio que te rodea si te influencia, porque por ejemplo en mi caso, me tocó vivir una guerra por 9 años consecutivos, casi 10, desde que tenía 1 año de edad hasta los 10 años, la falta de libertad debido a una guerra, te impide tener una infancia normal, desde algo tan simple como salir a jugar a la calle, o ir a la escuela, ya que llegó un momento en que ni siquiera podíamos asistir a la escuela, pues nos encontrábamos en guerra y las escuelas tuvieron que cerrar.

Te preguntarás cómo vivimos durante esos 9 años en una guerra y cómo sobrevivimos mi familia y yo. Es un poco difícil de explicar, pero lo intentaré: los bombardeos no eran diario, y cuando había "cese al fuego", cuando había una aparente calma, la gente salía a hacer sus vidas normales.

Pero ¿qué es normal en una guerra? Es que los adultos se van a trabajar y los niños a estudiar a las escuelas, pero cuando había bombardeos todo se detenía y todos nos teníamos que proteger, yo no sé si eso es ser un poco locos, el hacer tu vida como si nada, al otro día de un bombardeo y seguir adelante pase lo que pase, o si era un espíritu muy grande de lucha, de nunca rendirse, de aunque se caiga uno setenta veces, se levante setenta y uno.

A mí en lo personal me llegaron a preguntar: ¿Por qué si los demás se acostumbran a la guerra, tú no? Mi respuesta fue la siguiente:

Porque para mí NO ES NORMAL una guerra, porque nunca me acostumbraré y nunca la aceptaré como una forma de vida y menos si tengo la opción de elegir vivir en otro país, donde pueda tener otra calidad de vida, porque NO ES NORMAL para mí vivir en el miedo, en el terror, porque entonces la vida perdería todo sentido y no creo que haya venido a esto.

Una vez más insisto en que la libertad es el valor más preciado que tiene un ser humano.

El valor del tiempo

En lo personal cuando pienso en la palabra tiempo, generalmente me hace pensar en el pasado o en el futuro, aunque hoy en día es el tiempo lo que más tengo que a aprender a gestionar.

Cuando me mudé por primera vez de Líbano hacia México, por la forma en que salimos, es decir, en contra de nuestra voluntad debido a la guerra, mis padres tenían que elegir entre nuestra seguridad o el deseo de quedarse en Líbano, sobre todo mi papá, por no separase de sus padres, ya que le preocupaba dejar a mis abuelitos en plena guerra.

Si yo a mis 10 años de edad me dolió separarme de mis primos, imagínate mi papá que llevaba toda su vida viviendo ahí, teniendo que dejar a sus padres, su familia (hermanos, hermanas) su casa, su negocio, a la edad de 39 o 40 años, ya con una mentalidad formada para ir a un nuevo país y comenzar de cero, sin conocer bien el idioma y a adaptarse. Debió de ser muy duro para él.

En mi caso, durante los 11 años que viví en México, aprendí el idioma, fui a la escuela, hice amigos, sin embargo, siempre sentía nostalgia y mi sueño era regresar algún día a mi país natal y volver a ver a mis primos, gracias a Dios ese sueño se cumplió, pero después de 11 años (lo narré en capítulos anteriores).

Cuando regresamos a Líbano, a finales de 1995, aprendí una gran lección.

Aprendí que iba a disfrutar cada momento, pues a pesar de que extrañaba a mis amigos de México, ya no iba a vivir con nostalgia en el pasado, sino en el momento presente, a eso me refiero con el valor del tiempo.

Pensé, **voy a disfrutar el presente** y así lo hice a pesar de los malos momentos (bombardeos). Después me pasaba, que si iba de viaje a algún lugar y me la pasaba tan bien después regresaba triste y me la pasaba recordando lo bien que la había pasado y otra vez no estaba disfrutando el presente, sino que estaba viviendo en el pasado.

Hasta hace poco me pasó algo similar, así que de nuevo pensé que no podía seguir así, que debo ver lo bueno en el presente, aceptarlo como es y esto me hizo recordar un libro que alguien me prestó, *EL PODER DEL AHORA* de Eckhart Tolle, así que fui a la librería y me lo compré.

Eso me ayudó nuevamente a redirigir mis pensamientos hacia mi presente, a enfocarme en lo importante, a aprender a vivir en el aquí y en el ahora y a ver lo bueno que hay en cada momento.

"Ríndase a lo que es. Diga "sí" a la vida, y observe cómo ésta empieza súbitamente a funcionar a favor suyo y no contra usted."

ECKHART TOLLE

Hoy en día, lo que he notado, hablando desde mi experiencia y percepción personal, es que vivimos en un mundo lleno de prisas, en donde casi la mayoría de las personas no tiene tiempo ni para comer bien, es decir, de comer con calma para disfrutar su comida, ni para comunicarse bien, porque a veces es tanta la prisa que no se pone la atención que se requiere, ya sea para comprender lo que nos dicen o para llevar a cabo alguna indicación.

Otras personas manejan con desesperación, queriendo pasar primero que los demás, y otras andan tan aceleradas queriendo hacer muchas cosas a la vez, sin poder concretar las cosas o dejándolas a medias. Todo esto, lo único que ocasiona es estrés, el cual, a su vez, es la causa de muchas enfermedades.

A veces parece que ya no alcanza el tiempo para hacer todo lo que queremos o tenemos que hacer, pero esto no es así, todo es cuestión de aprender a gestionarlo. Otro libro que leí y que me gustó mucho es: *EL PODER DE LA PAUSA* de NANCE GUILMARTIN.

La verdad me gustó mucho, en lo personal lo vi más aplicado a las organizaciones, pero también aplica para la vida personal ya que a veces es importante hacer una pausa y detenerse a pensar un momento antes de actuar, que hacerlo en forma automática o reactiva.

Un tema que me dejó encantada es el *El Elogio de la Lentitud* de Carl Honoré, supe de este autor por mi tío

Pey (hermano de mi mamá) cuando me envió por correo una diapositiva que lleva el siguiente título:

El Elogio de la Lentitud (DECÁLOGO DE CARL HONORE)

Enlace: https://www.youtube.com/watch?v=DklyfUfiTCk

Este es un resumen de lo que trata:

"Un movimiento de alcance mundial cuestiona el culto a la velocidad. ¿Por qué tenemos siempre tanta prisa? ¿Cómo se cura esa auténtica enfermedad que es nuestra actitud ante el tiempo? ¿Es posible, e incluso deseable, hacer las cosas con más lentitud?

Vivimos en la era de la velocidad. El mundo que nos rodea se mueve con más rapidez de lo que jamás lo había hecho. Nos esforzamos por ser más eficientes, por hacer más cosas por minuto, por hora, cada día.

Esta obra rastrea la historia de nuestra relación cada vez más dependiente del tiempo y aborda las consecuencias y la dificultad de vivir en esta cultura acelerada que hemos creado"

Por último, en mi opinión personal creo que a veces el pensar mucho en el tiempo puede ser contraproducente, en el sentido de que existe una presión psicológica de que pensamos que ya es demasiado tarde para esto o para lo otro, lo mejor es pensar que nunca es tarde, que no hay que rendirse y que los tiempos de Dios son perfectos.

El valor de la salud

La salud es lo principal en nuestras vidas, la necesitamos para poder hacer todo lo demás, es primordial.

Por ello, no solamente es importante crearnos buenos hábitos alimenticios y el hábito de hacer ejercicio, sino también crearnos el hábito de tener pensamientos positivos. Ya que a veces las emociones son la causa de la mayoría de las enfermedades y lo ideal es estar sano en todos los aspectos.

"Así como elegimos diariamente la ropa que nos vamos a poner, de igual manera debemos elegir nuestros pensamientos."

LAIN GARCÍA CALVO

En un capítulo anterior hablé acerca de cómo superé el dolor de mi rodilla al cambiar mi mentalidad, tomar acción y al leer el libro de *Cómo Atraer la Salud*. Lo que no les dije es que después, analizándolo bien, en parte yo atraje ese dolor, ya que iba a haber un evento de Voleibol para competir con otros compañeros, ya llevábamos varios años participando, en 2 ocasiones quedamos en primer lugar y en una ocasión en segundo lugar.

Pero el año pasado una persona que formaba parte del equipo, empezó a crear chismes y se empezaron a dividir, después me preguntaron con cuál equipo me iba a ir. La verdad preferí ser neutra así que puse de excusa que me dolía la rodilla, es que a veces el dolor iba y venía, pero es increíble cómo al ponerla de excusa es cuando más fuerte me vino el dolor y resultó que hasta necesitaba operación. Lo bueno fue que me di cuenta de que yo misma creé esa enfermedad, así que pensé, así como la inventé en mi mente, la tenía que hacer desparecer y fue cuando me negué a operarme y a buscar otras opciones y una de ellas fue leer, como ya comenté anteriormente, el libro de Lain *Como Atraer la Salud*.

¿Cómo mantenerse motivada (o)?

Yo creo que una de las cosas más difíciles que nos enfrentamos hoy en día es aprender a cómo mantenernos motivados, ya que con el ajetreo del día a día, con las prisas, con las una y mil exigencias, a veces es normal que te puedes llegar a sentir agobiada (o) cansada (o) o hasta fastidiada(o).

¿Qué debo hacer para mantenerme motivada (o)? En lo personal al principio no sabía cómo y solamente cuando me pasaban cosas bonitas EXTERNAS es cuando me sentía feliz y contenta.

Sin embargo, no podemos construir nuestra motivación, nuestra serenidad o nuestra paz interior por lo que nos sucede en el exterior. Para mantenerte motivado (a), te sugiero apoyarte en la lectura, en videos motivacionales o en algunas ideas de las siguientes frases:

HOW TO STAY MOTIVATED

1. TAKE IT ONE DAY AT A TIME
2. SURROUND YOURSELF WITH POSITIVITY
3. CREATE A VISION BOARD
4. MAKE S.M.A.R.T. GOALS
5. REWARD YOURSELF
6. BELIEVE IN YOURSELF
7. ACKNOWLEDGE YOUR POSITIVE ATTRIBUTES
8. RECOGNIZE YOUR PROGRESS
9. VISUALIZE ACCOMPLISHING YOUR GOALS
10. BE KIND TO YOURLSELF
11. DON'T COMPARE YOURSELF TO OTHERS

CÓMO MANTENERSE MOTIVADO (A)

1. TOMÁTELO UN DÍA A LA VEZ
2. RODÉATE DE PENSAMIENTOS POSITIVOS
3. CREA UNA VISIÓN HACIA ALGO GRANDE
4. HAZ OBJETIVOS INTELIGENTES
5. PRÉMIATE A TI MISMO (A)
6. CREE EN TI MISMO (A)
7. RECONOCE TUS ATRIBUTOS POSITIVOS
8. RECONOCE TU PROGRESO
9. VISUALÍZATE CUMPLIENDO TUS OBJETIVOS
10. SÉ AMABLE CONTIGO MISMO (A)
11. NO TE COMPARES CON LOS DEMÁS

En lo personal, lo que me dio un mejor resultado fue cuando aprendí con mi mentor lo siguiente:

La importancia de crear buenos hábitos

Generalmente cuando es uno pequeña (o) es en casa con tus padres quienes te enseñan los hábitos de la higiene, de la buena conducta como algo tan simple como el saludo, el pedir las cosas por favor o dar las gracias. Después es en la escuela dónde tus maestros te enseñan otros hábitos como la disciplina, el hábito de estudiar, de cumplir con tus deberes.

Sin embargo, nunca antes había pensado en los hábitos como una forma de crecimiento personal, de automotivación, creándolos uno mismo, hasta que lo escuché por primera vez en un video de YouTube de: LAIN GARCÍA CALVO - Crea en tu vida HÁBITOS IMPARABLES

https://www.youtube.com/watch?v=4skFgyPQymM

Fue entonces cuando aprendí, que uno mismo puede crear sus propios hábitos. La verdad no es fácil pero tampoco imposible. Primero que nada se necesita DECIDIRSE, después PLANIFICAR y como dice Lain, si no encuentras la manera, la buscas, sino la creas y si no la inventas.

Después necesitas comprometerte contigo mismo y tener disciplina, ser constante y practicar, practicar, practicar hasta que se convierta en un hábito, ya que la práctica hace al maestro.

El mayor obstáculo con el que yo me enfrenté o mi EXCUSA era el tiempo, aprender a gestionar el tiempo, entonces aprendí que para gestionar el tiempo se necesita planificar.

- 1er hábito: Planificar

- 2do hábito: Escribir tus hábitos

- 3er hábito: Leer por lo menos 20 minutos diarios, si se puede más mejor.

Por ponerte un ejemplo, para comenzar tu día, puedes planificar levantarte una media hora antes que de costumbre, para realizar alguno de los siguientes nuevos hábitos:

Al comenzar el día:

1. Rezar y agradecer

2. Meditar

3. Hacer 15 minutos de ejercicios

Al finalizar el día:

1. Rezar y agradecer

2. Leer (por lo menos unos 20 minutos)

3. Planificar tu siguiente día

Es increíble cómo al hacer esto diario, te ayuda a sentirte mejor contigo misma (o). Sientes que estás haciendo algo por ti, no solamente cambias tu vibración y te ejercitas, sino que al leer y ser constante te ayuda a que aun cuando tus viejas creencias (tal vez ciertos pensamientos negativos) te quieran volver arrastrar hacia tus viejos hábitos, si eres constante, logras vencerlos pero esto es diario porque si lo dejas de hacer tiendes a volver a los pensamientos negativos y a los viejos hábitos de comer mal, de no ejercitarse, etc., etc., etc.

¿Cómo diferenciar cuándo ser flexible y cuándo ser firme?

Muchas veces es difícil saber cuándo debemos ser firmes en algo o flexibles. A veces queremos lograr muchas cosas al mismo tiempo y nos confundimos más y al final terminamos sin concretar nada o dejar las cosas a medias.

A veces uno sabe tal vez intuitivamente o teóricamente lo que tiene que hacer, pero uno desconoce el cómo, eso hace que desenfoquemos y acaba uno más confundido.

Es a veces un poco complicado saber cuándo la vida te va a dar otra oportunidad o cuando es tu momento de la verdad, de saber aprovechar una oportunidad y decir: ES MI MOMENTO, ES AHORA O NUNCA. Cuando debes seguir luchando sin engancharte tanto en algo que tal vez no es para ti, o cuando debes simplemente hacer tu parte y dejar al Universo o a Dios hacer el resto y simplemente fluir.

Creo que la clave está en saber encontrar el balance, si te trae felicidad, si suma y no resta, si te hace crecer, entonces vas por el camino o la dirección correcta.

En lo personal, cuando hay ocasiones, en que me desespero, porque no veo los resultados que quiero o de una forma más rápida, lo que me ha ayudado es lo siguiente:

1. Como dice Lain García Calvo (autor de la Saga Best Seller *La Voz De Tu Alma*) **"Piensa en grande, empieza en pequeño, hay que dar un paso a la vez."** Tener visión hacia dónde vas y tomar una acción que te lleve hacia esa dirección, hacia aquello que quieres, y te enfocas en ello.

"La vida es como una cámara: solo enfócate en lo que es importante, captura los buenos momentos, saca de lo negativo un aprendizaje revelado, y si las cosas no salen como deseabas, intenta una nueva toma."

Anónimo

2. La otra es que te recomiendo ver **el video: "No seas perfecto, se paciente" de Lewis Lowes,** ya que muchas veces no somos pacientes con nosotros mismos, y te desesperas y sientes que no avanzas porque no ves los resultados en el tiempo que tú esperas, pero eso no significa que no lo vas a lograr.

Enlace:

https://lewishowes.com/podcast/i-be-patient-imperfection/

It is ok if you are not perfect

Y el video se llama: Don't be perfect, be patient

No seas perfecto, sé paciente

CAPÍTULO VEINTIOCHO

EL VALOR DE LA PAUSA PARA PENSAR

¿Alguna vez te has sentido envuelto (a) en el ajetreo del día y día? ¿Has sentido que parece que vas en piloto automático? A veces es bueno detenerse un momento a pensar, hacer una pequeña pausa en el camino y preguntarte: ¿Cómo te sientes?¿Hacia dónde te diriges en tu vida?¿Qué es lo que realmente quieres?

A veces puede resultar incómodo pensar en esto, tal vez lo sabes pero lo pospones para otro momento y así va pasando el tiempo. Algunas veces puede que te sientes mal anímicamente y no comprendes muy bien por qué.

Hasta que un día te sientes estancado, que no avanzas y no te queda más remedio que escuchar a tu corazón, escucharte a ti mismo, entonces te detienes a pensar, a hacer una pequeña pausa para hacer un análisis de tu vida, y es cuando aceptas que hay algo que quieres cambiar y te decides hacer un cambio en tu interior, para ser, crecer, para progresar y para llegar a ser tu mejor versión.

El verdadero cambio llega, una vez que te detienes a pensar, qué es lo que realmente quieres y empiezas a tomar acción para dirigirte hacia tu meta. Lo más importante es TENER CLARIDAD, ENCONTRAR ESA VISIÓN que es la que va a abrir tu mente para conseguir los anhelos de tu alma.

*"If your vision is bigger than you, Look for partners
who are bigger than your vision."*

ANÓNIMO

*"Si tu visión es más grande que tú, busca a compañeros
que sean más grandes que tu visión."*

ANÓNIMO

No importa tomar pequeños pasos cada día, siempre y cuando eso te acerque hacia tu sueño, hacia tu objetivo, uno nunca termina de aprender, ya que esto no es de un día y ya terminé, sino que es de ir tomando acciones cada día, día a día, sin bajar la guardia, sin rendirse. A continuación voy a compartir un mensaje que me gusta mucho y que me ha servido en los momentos en que siento el camino más pesado:

No Desistas

*Cuando vayan mal las cosas, como a veces suelen ir, cuando
ofrezca tu camino, solo cuestas que subir, cuando tengas
poco haber, pero mucho que pagar y precises sonreír, aun
teniendo que llorar, cuando ya el dolor te agobie y no puedas
ya sufrir, descansar acaso debes, ¡pero nunca desistir!*

*Tras las sombras de las dudas, ya plateadas, ya sombrías
puede bien surgir el triunfo, no el fracaso que temías y no es
dable a tu ignorancia, figúrate cuan cercano, puede estar el
bien que anhelas, y que juzgas tan lejano. Lucha, pues por
más que tengas, en la brega que sufrir cuando todo esté
peor, más debemos insistir."*

JOSEPH RUDYARD KIPLING

La actitud: Bueno, malo, quién sabe

"Había una vez un hombre que vivía con su hijo en una pequeña aldea en las montañas. Su único medio de subsistencia era el caballo que poseían, el cual alquilaban a los campesinos para roturar las tierras. Todos los días, el hijo llevaba al caballo a las montañas para pastar. Un día, volvió sin el caballo y le dijo a su padre que lo había perdido. Esto significaba la ruina para los dos. Al enterarse de la noticia, los vecinos acudieron a su padre, y le dijeron: «Vecino, ¡qué mala suerte!» El hombre respondió: «Buena suerte, mala suerte, ¡quién sabe!».

Al cabo de unos días, el caballo regresó de la montaña, trayendo consigo muchos caballos salvajes que se le habían unido. Era una verdadera fortuna. Los vecinos, maravillados, felicitaron al hombre: «Vecino, ¡qué buena suerte!». Sin inmutarse, les respondió: «Buena suerte, mala suerte, ¡quién sabe!».

Un día que el hijo intentaba domar a los caballos, uno le arrojó al suelo, partiéndose una pierna al caer. «¡Qué mala suerte, vecino!», le dijeron a su padre. «Buena suerte, mala suerte, ¡quién sabe!», volvió a ser su respuesta.

Una mañana aparecieron unos soldados en la aldea, reclutando a los hombres jóvenes para una guerra que había en el país. Se llevaron a todos los muchachos, excepto a su hijo, incapacitado por su pierna rota. Vinieron otra vez los aldeanos, diciendo: «Vecino, ¡qué buena suerte!». «Buena suerte, mala suerte, ¡quién sabe!», contestó".

Esta historia continúa, siempre de la misma manera, aquí la moraleja es que aun en las situaciones que parecen malas en su momento, son bendiciones disfrazadas, solo hay que saber mirar ver lo bueno en lo que aparenta ser malo".

Fuente:

https://fulvida.com/2009/12/03/bueno-malo-quien-sabe/

Chispazos del Alma y agradecimiento a Lain García Calvo

Es increíble que mientras estoy escribiendo este libro con la ayuda de mi mentor Lain García Calvo, de repente llegan los chispazos del Alma, mientras estoy en el trabajo o camino al trabajo o de repente estoy durmiendo y me despierto en la madrugada con muchas ideas, me levanto de inmediato a buscar papel y hoja para empezar a anotar la lluvia de ideas que me empiezan a llegar, es como si mi mente fuera a mil por hora.

De verdad que estoy disfrutando mucho escribir este libro, al principio pensé, no sé de qué voy a escribir o que tanto voy a escribir, sin embargo, para mi sorpresa, desde que lo empecé, cada vez que me siento a redactar, es como si fluyera la escritura a través de mí, me siento inspirada y agradecida con a Dios, estoy disfrutando mucho este proceso.

Siempre decía en broma que algún día voy a escribir un libro de mi VIDA, ya que desde pequeña me tocó vivir grandes desafíos, pero siempre lo dije en broma, nunca imaginé que ese sueño se haría realidad.

Te agradezco a ti, mi amigo lector (a), por haber elegido leer mi libro y ayudarme a cumplir con mi misión y a cumplir uno más de mis sueños, gracias, gracias, gracias.

Y a ti, querido lector, te presento *La Voz de tu Alma*. Un libro muy interesante, diferente y con un estilo muy propio que marcará un antes y un después. Tengo que decirte que no fue de los primeros libros de crecimiento personal que leía ni su evento el primero al que acudía, pero nunca había ni tan siquiera escuchado lo que en *La Voz de Tu Alma* y en el evento Intensivo "Vuélvete Imparable" se explicaba.

¡Todo era tan desconocido! Y, a la vez, tan interesante…

En su libro, Lain explica principios y leyes universales, acerca de cómo funcionan y cómo aplicarlos a nuestro día a día de una manera tan sencilla, práctica y amena que no te dejarán indiferente.

Sin duda, un libro que todo el mundo debería leer, mínimo una vez en su vida.

Si tú también quieres conseguirlo, entra en:

www.laingarciacalvo.com

Sígueme en mis redes sociales:

 Haifa Ghawi

 Haifa Ghawi

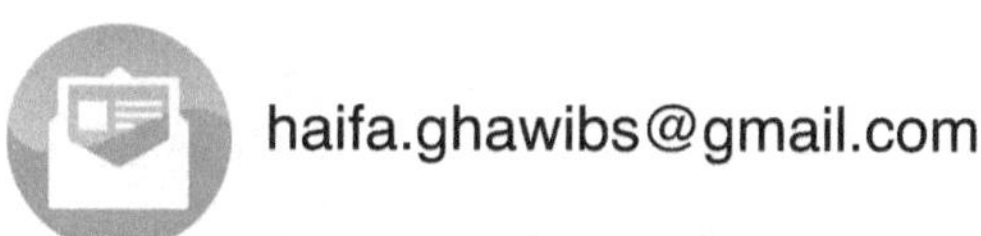 haifa.ghawibs@gmail.com